MADRE TIERRA

JOHN DAVIES ~ EDWARD BURTYNSKY ~ RINKO KAWAUCHI

Madre Tierra

José María Amusátegui de la Cierva
Presidente de la Fundación Santander Central Hispano

La novena edición de PHotoEspaña aborda en 2006 la representación de la naturaleza y sus experiencias posibles. En este marco, la Fundación Santander Central Hispano organiza y patrocina la exposición *Madre Tierra*, que se celebra entre el 1 de junio y el 23 de julio en el Centro Cultural de la Villa de Madrid.

Se trata de un conjunto de reflexiones visuales que tienen a la Tierra como protagonista, realizadas por tres relevantes fotógrafos actuales: John Davies, Edward Burtynsky y Rinko Kawauchi. Son tres miradas sobre la tierra como naturaleza, distintas pero complementarias, formuladas desde la tradición cultural de cada uno de sus autores: la visión paisajística de la naturaleza domesticada del europeo Davies, los grandes panoramas de la naturaleza transformada y explotada del canadiense Burtynsky y los detalles de la fecundidad y la fragilidad de la Madre Tierra de la japonesa Kawauchi.

En todos ellos se conjuga la emoción estética despertada por la recreación de la naturaleza con otras lecturas más o menos explícitas, como la política, la historia, la ecología o la descripción de la vida cotidiana. Y todos ellos abordan también el tema desde la contemporaneidad, desde el compromiso con su propio tiempo, por lo que la muestra ofrece posibilidades actuales de representar la naturaleza como forma de conocerla y apreciarla.

Las fotografías del británico John Davies (1949), pertenecientes a su serie en blanco y negro *The British Landscape*, muestran su visión paisajística de la naturaleza. Son extensas vistas donde aparecen desde los elementos reconocibles como naturales (montañas, lagos, cielos) hasta las estructuras de la ordenación del territorio (carreteras, puentes, vías de ferrocarril) que suplantan a veces el paisaje natural.

Esta concepción entre lo intemporal y lo cambiante dota a su muestra fotográfica de coordenadas espacio-temporales: es posible admirar paisajes rurales o salvajes anclados en la historia junto a otros donde el paso del tiempo ha impuesto su huella industrial o urbanística sobre el territorio. En las composiciones de Davies se advierten claras referencias pictóricas de los diferentes modelos de tratamiento del paisaje, como el renacentista, la pintura holandesa, Constable o Turner.

Los trabajos del canadiense Burtynsky (1955) van más allá de la estética objetiva de Davies para poner el acento en los efectos que la explotación del territorio ha tenido sobre la naturaleza. «La naturaleza transformada por la industria es el tema predominante de mi trabajo», afirma. Son imágenes espectaculares y grandiosas de minas, refinerías, ríos contaminados, canteras o embalses faraónicos que «funcionan como metáforas de nuestra existencia actual» en la que la aspiración al bienestar deviene en explotación de la naturaleza. Burtynsky trabaja en una estética del mal pero llena de belleza, buscando «un diálogo entre atracción y repulsión, seducción y miedo».

La espectacularidad de sus imágenes está llena de evocaciones artísticas recordando a veces la música wagneriana o los monumentales paisajes de la tradición pictórica romántica. La reflexión política y ecológica está indudablemente presente en su obra, pero también lo está la representación de la belleza del paisaje. En definitiva, sus fotografías expresan la paradoja de la modernidad técnica que destruye cuando crea y ofrecen simultáneamente representaciones estéticas y documentos de lectura ecológico-política.

La japonesa Rinko Kawauchi (1972), una de las más destacadas y prestigiosas fotógrafas de su generación, aborda la contemplación de la naturaleza de forma muy diferente a los dos anteriores. No construye paisajes, sino retratos; no realiza visones de conjunto, sino que sólo se ocupa de los detalles. Pero la suma de las fotografías de su exposición ofrece una visión global de la naturaleza, cercana y plena de empatía. Los temas de Kawauchi son pequeños, a veces minúsculos (la aparición de una hoja, el nacimiento de un animal, la agitación del viento, el rompimiento de una ola), pero ofrecen exquisitos fragmentos de la fecundidad de la Madre Tierra y de la fugacidad de la existencia.

Sus referencias artísticas se encuentran en las naturalezas muertas de la pintura de género, en las láminas científicas de botánica y ornitología o en las estampas japonesas clásicas. Las imágenes de Kawauchi son de un contenido emocional conmovedor, pero su tratamiento cromático -donde predominan las gamas frías- consigue el efecto de extrañamiento buscado por los artistas modernos: permite extraer de los temas conocidos de la vida cotidiana, experiencias estéticas desconocidas, inesperadas y sorprendentes.

Esta edición de PHotoEspaña está dirigida como en los dos años anteriores por el profesor Horacio Fernández, que ha estado acompañado en esta exposición por los comisarios Enrica Viganò y Chris Boot, periodista y editor respectivamente especializados en fotografía con numerosas publicaciones. A ellos y a cuantos han participado en la organización y montaje de esta exposición deseo expresar, en nombre de la Fundación, mi más sincero agradecimiento.

Centro Cultural de la Villa

Mora Apreda
Directora

La exposición *Madre Tierra* propone reflexiones visuales sobre las transformaciones del paisaje contemporáneo, la vida, el medio ambiente, entre otras cosas, de tres importantes fotógrafos de nuestro tiempo, en el marco argumental de la edición 2006 de PHotoEspaña, que trata de las representaciones de la naturaleza.

A través de la obra de John Davies, Edward Burtynsky y Rinko Kawauchi la muestra presenta visiones complementarias, pero muy distintas, de la naturaleza. A pesar de sus contrastes, son visiones coherentes entre sí, que contribuyen a formular la presentación visual compleja de la naturaleza y sus experiencias. Los fotógrafos tienen orígenes distintos, Davies es europeo, Burtynsky norteamericano y Kawauchi japonesa, y expresan en formas personales e inéditas imágenes culturales de la naturaleza que se encuentran en sus respectivas tradiciones, como la naturaleza domesticada o ajardinada del paisajismo europeo, los grandes panoramas monumentales del norteamericano y los detalles de lo efímero en la versión oriental de la naturaleza, sin renunciar por ello, a la contemporaneidad, al compromiso con su propio tiempo, sobre todo en las obras de John Davies, que él considera imágenes de historia. La Tierra es protagonista de las fotografías de Burtynsky y Davies, y su fecundidad determina las de Kawauchi. La tierra como origen, y también final, aparece en los tres autores, de una manera que conjuga siempre la estética con otras lecturas, las emociones despertadas por la visión, con otros tipos de pensamiento, entre la política, la historia, la vida cotidiana o la historia de la cultura visual.

El título de la exposición posee cierto carácter dramático, que es intencionalmente evocador y emocional. *Madre Tierra* muestra posibilidades contemporáneas de la representación de la naturaleza que también son o pueden ser formas de conocerla y apreciarla, así como de considerar críticamente nuestro comportamiento con ella, en el que muchas veces se olvida que debemos mantener lo que recibimos como herencia, ya que formamos parte de la naturaleza y tenemos responsabilidades con ella.

PHE06

Madre Tierra: John Davies, Edward Burtynsky, Rinko Kawauchi
Centro Cultural de la Villa.
Fundación Santander Central Hispano
Del 1 de junio al 23 de julio de 2006.

Imagen de portada: Edward Burtynsky. Carrara Marble Quarries N°. 24, Carrara, Italy 1993

Exposición

Comisarios
Chris Boot
Horacio Fernández
Enrica Viganò

Coordinación PHE06
Tevi de la Torre

Coordinación Centro Cultural de la Villa
Margarita Arias

Montaje
Intervento

Enmarcados
Daylight

Catálogo

Edita
La Fábrica Editorial
Centro Cultural de la Villa
Fundación Santander Central Hispano

Textos
Chris Boot
Horacio Fernández
Masakazu Takei
Enrica Viganò

Coordinación
Tevi de la Torre

Traducciones
GMS Traductores

Edición
Ana Goñi

Producción
Paloma Castellanos

Diseño
Manuel Gil

Fotomecánica
Cromotex

Impresión
Brizzolis

ISBN
84-96466-39-6

DL
M-24095-2006

MADRE TIERRA

JOHN DAVIES ~ EDWARD BURTYNSKY ~ RINKO KAWAUCHI

FUNDACION Santander Central Hispano

madrid

CENTRO CULTURAL DE LA VILLA

MAC MADRID ARTE y CULTURA

LA FABRICA EDITORIAL

Índice

Madre Tierra

Horacio Fernández
Comisario General de PHE06

«Rindieron culto los antiguos a la Madre Tierra, a Demeter y todas las mitologías la han ensalzado, hermoseándola con sus ficciones»[1]. En el paraíso natural el sustento está asegurado y no hay inclemencias ni catástrofes. Las madres cuidan de sus hijos: la naturaleza es generosa, proporciona bienes a los seres humanos. Los mitos justifican creencias que, a veces, se confunden con los hechos. Para animar a emigrar a Nueva Inglaterra, los puritanos del siglo XVII «relataban historias fantásticas» sobre la vegetación, el aire, los animales, el clima o el agua norteamericanos, capaces de restar años a los viejos y hacer fértiles a las mujeres estériles[2]. Además de estas bondades, de la misma naturaleza derivaban otras virtudes económicas (como la prosperidad, que enriquecería hasta a los pobres) y, sobre todo, morales y políticas, ya que era la fuente de la libertad, la independencia, la virilidad, la honradez, etc. La naturaleza sustituía con ventaja la ausencia de historia. En América no se echaba de menos las catedrales ni había que construirlas, ya que estaban allí desde siempre, en los árboles y las montañas.

Como ha señalado el geógrafo Yi-Fu Tuan, el mito edénico, la benévola madre tierra, sustenta «la vieja y vaga presunción de que el carácter estadounidense y la eficacia de sus instituciones de algún modo se desprendían directamente del territorio y de la gente de la frontera que lo poseía, lo cultivaba y luchaba por él y que, en última instancia, se beneficiaba de la prosperidad y la libertad que brotaban de su generosidad natural».[3] Hay versiones más sugestivas de la naturaleza maternal. Por ejemplo, en la antigua China la madre tierra era inferior al padre cielo, el lugar de los dioses. El orden social seguía el escalafón; primero el emperador, el hijo del cielo; después la clase dirigente, identificada con la madre tierra o *ti*; finalmente, el pueblo, al que correspondía el *tu*, el terreno, el lugar real y áspero de la barbarie, el trabajo, la experiencia, la suciedad y la ignorancia.[4]

Demasiados hijos sin madre. O una madre desnaturalizada, excesivamente caprichosa en el reparto de sus favores. Para Miguel de Unamuno, mejor lo segundo, «madre en el parto, en el querer madrastra»[5]. Otros han creído que puede ser más bien cuestión de sexo. La naturaleza inhóspita, hostil e inhumana que sufría el pueblo en el *tu* era un padre dominador capaz, como Saturno, de devorar a sus hijos.

Mientras los pioneros puritanos mantenían la fe en el Edén con profusión de sermones y reflexiones filosóficas, los exploradores y colonos se encontraron con que el paraíso norteamericano se parecía bastante al infierno. La inmensidad y la violencia de los nuevos territorios no contribuían a hacerlos amables. El temor y el desconcierto eran ineludibles. Un viajero que describe en 1870 el río Missouri señala que está rodeado de desiertos, bárbaros y animales salvajes, es «furibundo, temerario, obstinado en su tumultuosa fuerza» y asombra «con sus alardes de extravagante poder; aparta a los bosques de sus orillas, para replantarlos con las raíces boca arriba en sus arenas movedizas».[6]

En la época en la que la naturaleza era objeto de culto en Europa, durante el siglo XVIII, había por lo menos un incrédulo, el marqués de Sade, para quien lo mejor de la naturaleza era su movimiento y su agitación, que encerraban una secuencia ininterrumpida y perpetua de crímenes. «El motivo que lleva a entregarme al mal nace en mí del profundo estudio que he hecho de la naturaleza. Cuanto más intento sorprender sus secretos, más la he visto ocupada en dañar a los hombres. Seguidla en todas sus operaciones, no la veréis más que voraz, destructiva y maligna, más que inconsciente, contraria y devastadora»[7].

Entre los artistas hay hijos bien educados y expósitos sin corazón. En pleno auge del naturalismo, a Charles Baudelaire le parecía «deplorable» tanta fe en la naturaleza. «En materia de pintura y escultura, el Credo actual de las gentes de mundo [...] es éste: "Yo creo en la naturaleza y no creo más que en la naturaleza [...]. Creo que el arte es y no puede ser otra cosa que la reproducción exacta de la naturaleza"[8].» Para el poeta, la conclusión era evidente, eran buenos tiempos para los fotógrafos, pero en realidad los que mantenían la fe eran pintores. Gustave Courbet decía que «la belleza está en la naturaleza [...] Lo bello dado por la naturaleza es superior a todas las convenciones artísticas».[9] Vincent van Gogh aseguraba alimentarse de naturaleza. «Otros pueden tener más lucidez que yo para los estudios abstractos [...] tal vez yo mismo cuando sea viejo. Pero, esperando, siempre como naturaleza»[10].

A la fe siguió el escepticismo y «los estudios abstractos» sustituyeron al naturalismo. Los pocos que han hecho naturaleza después parecen dar más crédito al padre autoritario que a la madre benefactora. Por ejemplo, el pintor Gerhard Richter, uno de los raros artistas de la segunda mitad del siglo XX que ha pintado paisajes, sostiene que «transfiguramos la naturaleza al contemplarla, la naturaleza que en todas sus formas es, constantemente, nuestro adversario puesto que no tiene ni sentido ni clemencia ni piedad, porque lo ignora todo y carece por completo de espíritu. Es nuestro opuesto absoluto, y por ello, es totalmente inhumana».[11] Richter parece haber leído a Sade, pero no se nota en sus paisajes, en los que ha transfigurado tanto que al final la inhumanidad no hay quien la encuentre. Otros han preferido acercarse más al poder, la violencia o la irracionalidad naturales, sin ayudas de la tradición artística. Por ejemplo, según Walter de Maria hay que agradecer la existencia los desastres naturales.

«I think natural disasters have been looked upon in the wrong way.

Newspapers always say they are bad. a shame.

I like natural disasters and I think that may be the highest form of art possible so experience.

For one thing they are impersonal.

I don't think art can stand up to nature.

Put the best object you know next to the grand canyon, niagara falls, the red woods.

The big things always win.

Now just think of a flood, forest fire, tornado, earthquake, Typhoon, sand storm.

Think of the breaking of the Ice jams. Crunch.

If all of the people who go to museums could just feel an earthquake.

Not to mention the sky and the ocean.

But it is in the unpredictable disasters that the highest forms are realized.

They are rare and we should be thankful for them»[12].

La conmemoración de las catástrofes de Walter de Maria se convirtió en paisajes sobre el terreno como *Ligthning Field*, una monumental instalación en el desierto de Nuevo México que mide un millón seiscientos mil metros cuadrados en los que hay cuatrocientos pararrayos que de vez en cuando funcionan y se produce un espectáculo aterrador y fascinante sólo para la mirada. Quien desee añadir un poco de imaginación, que lea a César Aira[13].

La tradición moderna mantiene que la naturaleza se opone a la cultura, que tiene la obligación de someter las fuerzas caóticas e irracionales de la naturaleza, tarea de la que se encarga la técnica, convertida en segunda naturaleza. Numerosos textos teóricos de principios del siglo xx desarrollaron lo que se ha denominado ideología de los ingenieros[14]. La técnica es una expresión de la personalidad del ingeniero, más que el resultado de intereses comerciales o industriales. Forma parte de un instinto de transformación característicamente humano que busca la organización y el dominio de la naturaleza. El orden técnico tiene la obligación de corregir su desorden[15]. La técnica es madrastra o padre autoritario sin complejos. *La Fille née sans mére* que pintó en 1916 Francis Picabia es una máquina.

Desde 1993 se construye en el río Yangtsé una gran máquina, una central hidroeléctrica que, cuando se termine dentro de tres años, será la más grande del planeta y producirá tanta energía como dieciséis centrales nucleares. La Presa de las tres gargantas cierra un embalse de más de seiscientos kilómetros cuadrados que, además de modificar

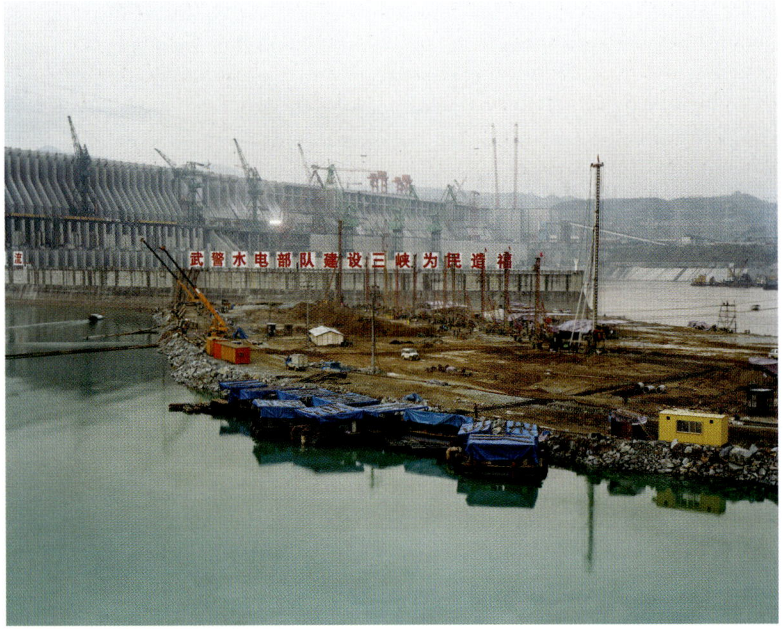

los cauces fluviales, el territorio y el ecosistema, ha anegado miles de poblaciones y desplazado a casi dos millones de personas. Bajo las aguas han quedado formas de vida muy antiguas. En la China tradicional el campesino vive en un mundo cerrado, que no es la aldea, sino lo que los geógrafos llaman una comunidad de mercado. Cada una de estas comunidades abarca unos cincuenta kilómetros cuadrados y en ella viven entre siete y ocho mil personas repartidas en una veintena de pueblos y aldeas. El lugar principal de cada campesino es su aldea, pero también viaja con frecuencia al pueblo en el que se celebra el mercado, donde se encuentra con los habitantes de otras aldeas. No está aislado y es sencillo tener la conciencia de pertenecer a un mundo social amplio, un lugar que carece de fronteras visibles y no es una región ni una unidad política. Los campesinos chinos han permanecido durante mucho tiempo en este modelo comunitario, que la aplicación del modelo técnico extirpa con violencia[16].

Las fotografías de Edward Burtynsky de las obras de construcción de la presa no permiten apreciar estos cambios, pero quizás ayuden a comprenderlos. En algunas de ellas vemos pueblos, que ya habrán desaparecido bajo las aguas, en los que ya no queda nada que pueda ser transportado a otro lugar.

«La naturaleza transformada por la industria es el tema principal de mi trabajo», afirma Burtynsky[17], quien desarrolla desde hace años un proyecto sobre el paisaje alterado por la civilización industrial, sobre los efectos de la explotación de la naturaleza en el territorio. Los desechos industriales y las modificaciones del entorno por la extracción de materiales o la construcción de vías de comunicación fueron sus primeros temas. Hace detalladas imágenes de gran formato sobre la transformación y explotación de la tierra, fotografías que son documentos de lectura política al mismo tiempo que representaciones artísticas impresionantes, tanto por la magnitud de los hechos que representan como por su mismo formato como imagen.

Sus imágenes de minas, refinerías, desguaces o canteras ponen en relación la edades clásicas (la edad de piedra o la del hierro) con su continuidad en el presente (las nuevas edades del petróleo o del silicio). «Estas imágenes son metáforas de nuestra existencia actual. Buscan un diálogo entre atracción y repulsión, seducción y miedo», escribe su autor[18]. Tratan de una aspiración a un bienestar que depende de la explotación de la naturaleza sin reparar en las consecuencias que esa aspiración causa en la propia naturaleza, siempre demasiado costosas.

Las imágenes de Burtynsky son un poco paradójicas. Son inquietantes, pero también seductoras, hay estética en fenómenos en los que el espectador espera más bien política o ecología. Como un artista romántico, Burtynsky trabaja en una estética del mal, siniestra, pero a pesar de ello no exenta de algo que no puede calificarse más que como belleza.

Considerar sus imágenes como meros datos convincentes para una reflexión ecológica y políticamente correcta es una lectura adecuada, pero insuficiente. En lugar de hacer imágenes evidentes sobre estos temas, prefiere llamar la atención a partir de la monumentalidad o la belleza. Burtynsky no enaltece la devastación causada por la industria ni propone interpretaciones halagüeñas sobre el desarrollo de la técnica. Pero tampoco hace lo contrario, lo que permite que se le acuse de excesiva neutralidad, seguramente con razón. «No hago juicios. No es una crítica, ni una celebración», dice él[19]. Aplica los modelos de la representación del paisaje a un tema olvidado o desdeñado por los paisajistas, en el pasado y ahora. En lugar de buscar territorios inexplorados, salvajes o arcádicos, se detiene en parajes conocidos determinados por la cultura industrial. Sus ríos contaminados por desechos minerales en la serie *Nickel Tailings* son tan espectaculares como las imágenes wagnerianas o los ríos de lava de las erupciones volcánicas. Las canteras de granito de la serie *Stone Age* evocan los monumentales paisajes montañosos de la tradición pictórica romántica tanto como algunas obras principales del *Land Art*, como la *Spiral Jetty* de Robert Smithson o las excavaciones de Michael Heizer. Los panoramas del embalse del Yangtse tienen su precedente en las fotografías de Charles Sheeler y otros artistas de los años treinta que celebraron con optimismo lo que se llamó «Machine Age». Pero todas estas relaciones, que entroncan su trabajo en la historia de las imágenes, no agotan su capacidad significativa, que nunca renuncia a ser imagen de la historia del presente. La paradoja de la modernidad técnica –destruir al crear– se expresa de una manera a la vez estética y política en su obra, al mismo tiempo documento y representación de las relaciones actuales entre naturaleza, técnica, humanidad o progreso.

Al igual que Edward Burtynsky, John Davies hace fotografías de las transformaciones actuales del territorio. En las imágenes en blanco y negro de la serie *The British Landscape* presenta de forma sistemática una visión paisajista en la que importa tanto la tradición de la pintura como la información sobre los cambios en el paisaje en Gran Bretaña durante el último cuarto de siglo. Sus fotos son extensos panoramas desde puntos de vista elevados entre lo intemporal y lo histórico, en los que aparece el paisaje que reconocemos como natural (montañas, lagos, cielos), con sus connotaciones estéticas y emocionales, y el paisaje urbano e industrial de nuestro tiempo.

La selección de las imágenes de John Davies en *The British Landscape* permite observar desde el presente la supervivencia de los modelos tradicionales. En la muestra hay paisajes aparentemente salvajes, es decir, en los que no se han producido intervenciones humanas, como los del Lake District en el que vivió el poeta romántico William Wordsworth y que fue el modelo de su particular culto a la montaña. Pero en la mayoría de las fotos se advierte ostensiblemente la mano del hombre. Las marcas dejadas por la revolución industrial, el urbanismo periférico o la economía globalizada posindustrial actual se imponen al territorio, a menudo de una manera confusa, que se puede leer como un *collage* espacio-temporal.

Las imágenes que John Davies ha seleccionado para esta antológica, una síntesis de un cuarto de siglo de trabajo, están construidas según diferentes modelos, que unas veces evocan la perspectiva del Renacimiento, con su fuga central y el horizonte en mitad de la imagen, otras las bandas sucesivas con las que los pintores holandeses de paisaje buscaban la profundidad, otras las llanuras cubiertas de nubes expresivas de pintores como John Constable y otras el dinamismo y la confusión de pintores como Joseph Mallord William Turner, entre otras posibilidades de la historia de la pintura y la fotografía. Junto a ellas, sin solución de continuidad, aparecen composiciones más complejas y casi caóticas, en las que predominan las formas curvas generadas

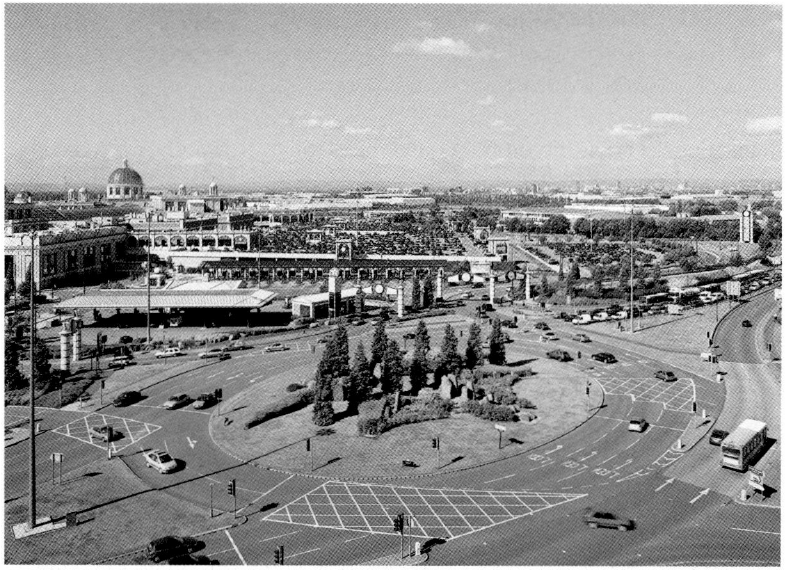

por carreteras, puentes y vías de ferrocarril para la ordenación de un territorio en el que lo urbano se superpone a lo que pueda restar del paisaje aparentemente natural.

Pero no hay que dejarse llevar por las tentaciones formalistas. John Davies hace imágenes de historia, de la historia de las ciudades y sus habitantes, de la historia de la revolución industrial que llenó Gran

Bretaña de fábricas que ahora son obsoletas y son desmanteladas. Los cuidados documentos de *The British Landscape* muestran una historia e invitan a reflexionar sobre sus enseñanzas.

Mientras John Davies y Edward Burtynsky presentan imágenes detalladas del territorio en vistas generales, Rinko Kawauchi no se ocupa más que de los detalles en una obra intencionalmente fragmentaria que sólo se convierte en conjunto en publicaciones y exposiciones. Sus temas son pequeños, por no decir minúsculos, fotografías de pedazos inconexos de la existencia cotidiana. Retratos de la idea que se llama naturaleza.

«Estamos rodeados de cosas que no hemos creado y que tienen una vida y una estructura diferente a la nuestra: árboles, flores, hierbas, ríos, montes, nubes. Durante siglos nos han inspirado curiosidad y temor. Han sido objeto de deleite. Las hemos vuelto a crear en nuestra imaginación para reflejar nuestros estados de ánimo. Y, ahora, pensamos en ellas como componentes de una idea que llamamos naturaleza»[20]. Kenneth Clark, un historiador del arte y la cultura, comenzaba con estas palabras lo que ha sido durante muchos años el principal tratado sobre la historia del paisaje, una historia que ya dura cinco siglos en Occidente y que, según Clark, «marca las etapas por las que ha pasado nuestro concepto de naturaleza»[21]. *Landscape into Art*, publicado poco después de la Segunda Guerra Mundial, termina intentando mantener la esperanza en la supervivencia del paisaje como género artístico, tan complicada como la de cualquier otra manifestación del espíritu después de Hiroshima. «A la larga, nuestro concepto ampliado de experiencia de la naturaleza quizá llegue a enriquecer nuestras mentes con imágenes nuevas y hermosas. En nuestras nuevas guerras de religión esperemos que nos sea otorgado otro Grünewald o, cuando menos, otro Bosco. Pero, ¿será tolerado? La obra del Bosco fue coleccionada por Felipe II, que era más tolerante y menos eficiente que nuestros nuevos tiranos»[22].

No era sencilla la tolerancia que invocaba Clark en aquellos años de posguerra en los que se podía argumentar con razones de peso que pensar, hablar o pintar la naturaleza no era inocente. Bertolt Brecht lo denunció en unos versos que fueron famosos: «¿Qué tiempos son estos, donde / Una conversación sobre árboles es casi un crimen / Porque encierra un silencio acerca de tantas fechorías?»[23]. Leídos ahora parecen una elegía un poco deprimente del propio Brecht, quien era más urbano que nadie, pero provenía del campo y sentía que «el frío de los bosques» formaba parte de él[24]. La naturaleza es ineludible, pero entonces era sospechosa, sobre todo como consuelo.

Con las fotografías de Rinko Kawauchi podría haber entrado en calor Bertolt Brecht y las esperanzas de Kenneth Clark hacerse realidad. Son imágenes tan nuevas y tan hermosas como él esperaba. Aunque, en realidad, no son tan nuevas, no muestran cosas nuevas, nunca antes vistas, sino un mundo sencillo de percibir, que ella renueva al descubrir lo desconocido en lo conocido y activar la mirada rutinaria y pasiva del espectador. No sorprende por lo nuevo, sino por las formas que adopta su mirada. Como ha escrito ella para describir una serie llamada *Cui Cui*, protagonizada por los miembros de su propia familia en pequeños, por no decir micro acontecimientos, «a causa de las noticias siniestras que se difunden en el mundo, uno acaba por no fijarse en lo que pasa en la vida de todos los días, que sigue su curso habitual»[25].

Kawauchi se dio a conocer hace cinco años, al publicar tres cuidados fotolibros. El primero, *Utatane*, presenta detalles efímeros de la vida cotidiana que se convierten en pequeñas joyas luminosas. En las fotos hay una evocación de la muerte, una especia de *memento mori*, pero apacible, amable: nada más que otra cara de la proliferación de la vida. El segundo, *Hanabi*, muestra fuegos artificiales, fotografías nocturnas de una belleza frágil que al mismo tiempo es melancólica y un poco espectacular, sin exageraciones. El tercer volumen de la trilogía, *Hanako*, lo protagoniza una persona corriente, que pasa por sus actividades de todos los días, en casa y en el trabajo, en un parque y en un gimnasio, sin ninguna aspiración al heroísmo o la monumentalidad. Al año siguiente, en 2002, Kawauchi recibió el premio Kimura Ihei por estas publicaciones.

Los fotolibros permiten la experiencia personal de las fotografías. Se manejan de cerca, en las manos, se hojean con el orden que se quiera y en el lugar y la situación que se desee. Dejan que se compartan las fotos y puedan mirarse en cualquier circunstancia. Los de Kawauchi son pequeños y nada presuntuosos, pero escrupulosamente ordenados, ya que ella cree que es tan importante la ordenación de las imágenes, el montaje de las series, como su realización. El diseño es tan bueno que casi es inapreciable, una disposición simplificada de dobles páginas con imágenes enfrentadas que poseen alguna relación formal o emocional entre ellas. Una fotomecánica minuciosa saca todo el partido a las delicadas gamas cromáticas de las imágenes.

Rinko Kawauchi es ahora, gracias a los fotolibros, una autora popular y prestigiosa en Japón, donde ya hay seguidores de su modelo, al mismo tiempo distante y emocional. Sus fotografías descubren una sensibilidad acusada para la observación documental que se complementa con un sentido no menos acusado de sensibilidad estética. Sus precedentes se encuentran en las láminas científicas (botánica, ornitología) tanto como en las estampas japonesas clásicas, con las que comparte una extraordinaria definición de línea. Su particular gama cromática, generalmente fría, en tonos azulados o verdosos, dota a sus imágenes de un contenido emocional evidente, casi conmovedor, pero con la distancia suficiente para convertirlas en experiencias estéticas inesperadas y sorprendentes, sin salir de lo conocido y cotidiano. Han sido descritas y valoradas como pequeñas poesías que fijan con una filosofía conmovedora lo transitorio de la existencia, la fragilidad y la fugacidad del paisaje, la belleza sorprendente de las cosas cotidianas cuando se observan fragmentariamente. La crítica ha apreciado, en general, el gran partido que obtiene de las cosas más minúsculas, que parecen imágenes transparentes y consiguen mostrar con eficacia cualidades de la naturaleza como el cambio o la fugacidad, sobre todo cuando trata de aspectos como el principio de la existencia, que es el tema de *Aila*.

Aila, que es una palabra turca que significa gran familia, muestra en fotografías muy detallistas de formato cuadrado sucesos minúsculos y evanescentes, como el momento en el que un polluelo abre un huevo, la espuma de una ola al chocar con la costa, la luz de un amanecer, una flor cubierta de rocío o la aparición de la cabeza de un animal durante su nacimiento. Detalles y fragmentos de la vida que están unidos a otros detalles y fragmentos menos afirmativos, ya que la

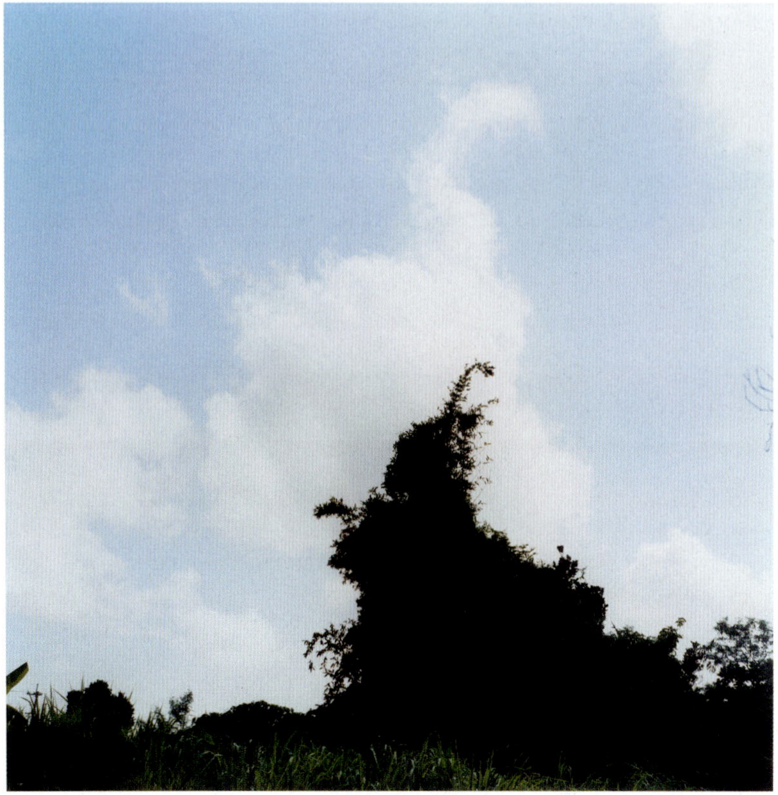

fragilidad o vulnerabilidad de estos momentos no es escamoteada nunca. No construye paisajes, sino retratos. Ni atiende al todo: sólo se ocupa de partes inconexas. La destrucción y la pérdida también forman parte de la serie, que, al final, es una sucesión de imágenes entre el nacimiento y la muerte.

Aila sugiere que la experiencia vital es en realidad lo que une el conjunto de la naturaleza, desde lo humano a cualquier otra forma existente. Por medio de una esmerada elaboración cromática, las imágenes poseen una refinada iluminación que hace de sus tonos pastel algo al tiempo transparente y material. Ante sus imágenes el espectador tiene sensaciones directas, casi táctiles, un tipo de experiencias sinestésicas poco frecuentes en las exposiciones de fotografía. Es sorprendente como consigue hacer imágenes tan turbadoras como encantadoras. La extrema delicadeza del trabajo de Rinko Kawauchi adquiere una dimensión diferente en las exposiciones. Sus montajes tienen aspectos característicamente escenográficos para obtener la soledad y las sensaciones al mismo tiempo apacibles e inquietantes que sus imágenes sugieren al visitante. Le gustan los espacios reducidos, que a veces construye ex profeso, para proporcionar tranquilidad e intimidad a los espectadores. Sus disposiciones de las fotografías tienen algo de instalaciones, huyendo de cualquier tipo de espectacularidad, pero sin embargo consiguiendo ser, a pesar de la modestia de los formatos y la iluminación, casi grandiosas. A veces resulta que el hecho de que menos sea más es tan razonable como que Dios esté en los detalles.

Imágenes

Edward Burtynsky. *Three Gorges Dam Project, #1*, Yangtze River, China, 2002. [Pág. 16].
John Davies. *Trafford Centre*, Manchester, 2005. [Pág. 18].
Rinko Kawauchi. De la serie *Aila*, 2004. [Pág. 21].

Notas

1 Miguel de Unamuno, «El sentimiento de la naturaleza», en *Paisajes*, Salamanca 1902. *Paisajes y Ensayos*, Madrid 1966, p. 59.
2 Yi-Fu Tuan, *Cosmos and hearth: a cosmopolite's viewpoint*, Minneapolis 1996. *Cosmos y hogar un punto de vista cosmopolita*, Barcelona 2005, p. 96.
3 *Ibid.*
4 *Ibid.*, p. 27-28.
5 Miguel de Unamuno, op. cit., p. 60.
6 Francis Parkman, *Works*, Boston 1897-1898. Cit. en *Yi-Fu Tuan, ibid.*, p. 98.
7 Marqués de Sade, *La Nouvelle Justine ou Les Malheurs de la Vertu*, París 1797, cap. XI.
8 Charles Baudelaire, «Salon de 1859», en *Curiosités esthétiques*, L'art romantique et autres Oeuvres critiques, París 1962, p. 317.
9 Gustave Courbet, «Carta a los jóvenes artistas» (1861), en Pierre Courthion, ed., *Courbet raconté par lui-même et par ses amis*, Ginebra 1950, vol. 2, pp. 204-7.
10 Carta a Émile Bernard, Arles 7.10.1888.
11 Gerhard Richter, Nota fechada 18.2.86, en *Texts*, Frankfurt 1993. *Textes*, Dijon 1995, p. 100.
12 Walter de Maria, «On the Importance of Natural Disasters», en La Monte Young, ed., *An Anthology*, Nueva York ca. 1962. Kristine Stiles y Peter Salz, eds., *Theories and Documents of Contemporay Art. A Source Book of Artists' Writings*, Berkeley 1996, p. 527.
13 César Aira, *Un episodio en la vida del pintor viajero*, Rosario 2000.
14 Jeffrey Herf, *Reactionary Modernism. Technology, Culture and Politics in Weimar and the Third Reich*, Nueva York 1984.
15 Eduard Mayer, *Technik und Kultur*, Berlín 1906. Cit. en Herf, op. cit.
16 Yi Fu Tuan, *Space and Place, The perspective of Experience*, Minneapolis 1977. *Espace et lieu, la perspective de l'expérience*, Ginebra 2006, p. 169-170.
17 Edward Burtynsky, «Exploring the residual landscape», en www.edwardburtynsky.com.
18 *Ibid.*
19 Murray White, «Beautiful Mines», Art News febrero 2004, p. 74.
20 Kenneth Clark, *Landscape into Art*, Londres 1949; *El arte del paisaje*, Barcelona 1971, p. 13.
21 *Ibid.*
22 *Ibid.*, p. 198.
23 Bertolt Brecht, «A los que nazcan más tarde», Rudolfo E. Modern, ed. y trad., Poesía alemana del siglo XX, Buenos Aires 1974, p. 243.
24 «Yo, Bertolt Brecht, vengo de los bosques negros. / Mi madre me trajo a las ciudades / cuando yo descansaba en su cuerpo. Y el frío de los bosques / estará dentro de mí hasta mi muerte». Bertolt Brecht, «Del pobre B. B.», Rudolfo E. Modern, op. cit., p. 238.
25 Rinko Kawauchi, *Cui Cui*, cat. Fondation Cartier pour l'art contemporain, París 2005.

John Davies

British Landscape

John Davies

Chris Boot

Si consideramos sólo las primeras fotografías de paisaje de John Davies, las imágenes de colinas y nubes de la isla de Skye y del distrito de los Lagos, podríamos llegar a pensar que se trata de un artista solitario, antisocial incluso, preocupado por el entorno natural, por su carácter y su psicología. Se hicieron a finales de la década de los setenta y principios de los ochenta, al inicio de una carrera artística dominada por sus series de paisajes británicos que, aún hoy, 25 años después, sigue ampliando. Pero lo cierto es que Davies no tardó en cambiar de enfoque e interesarse por la sociedad y por la historia de los lugares y, aunque él siga sin bajar del todo de la montaña (toma la mayoría de sus panorámicas desde una posición elevada, de modo que el paisaje queda abajo), su cámara sí que se ha movido. El monte, desolado e inhumano, se consolida como punto de referencia. El camino que llega a él pasa a formar parte de la temática, como el arañazo que la mano del hombre hace en la ladera, y es también la atalaya desde la que el fotógrafo contempla el comportamiento y la historia de los seres humanos que quedan abajo.

Los paisajes de Davies son imágenes sobre la Historia. En realidad son como mapas que permiten leer la historia narrativa de un lugar o que otorgan, al menos, legibilidad a sus elementos. Para recomponer la narración, hemos de aplicar otra clase de conocimiento. Por un lado, está el tiempo geológico, el cambio del paisaje físico a lo largo de milenios y, aunque cabría definir esas primeras imágenes de montes como fotografías sobre la Historia, su interés por la geología como valor narrativo es evidente. La elección del distrito de los Lagos no es neutra;

no trabaja allí simplemente por su belleza natural, sino porque desde su «descubrimiento» y promoción por parte del movimiento romántico (Coleridge, Ruskin, Wordsworth y Southey), a finales del siglo XVIII, el distrito es un elemento esencial para comprender el desarrollo de la percepción del paisaje inglés. Es cierto que en *Great Gable*, Cumbria 1980 plantea la cuestión de lo sublime pero, en la extensa leyenda de esa fotografía, cuenta cómo la montaña es un emblema del Parque Nacional del Distrito de los Lagos, el primer gran proyecto británico que buscaba poner el paisaje natural al alcance de todo el pueblo y no sólo de una pequeña minoría de hacendados. La historia, la economía y la política de acceso al paisaje se cuentan entre las principales preocupaciones de Davies: quién era el propietario de las tierras en aquel momento, quién lo es en la actualidad, cómo han gestionado el asunto el sector público y privado. El autor cree, sin lugar a dudas, que el paisaje ha de ser una propiedad común.

Es posible ver *Derwent Water*, Cumbria 1980 como la llave que abre el conjunto. Es la primera imagen de la serie en la que Davies, situado en la montaña, baja la vista hacia la población desde la que, es de suponer, ha salido a caminar; en este caso, se trata de Keswick, centro de lo que hoy en día es la industria turística del distrito. En el valle que rodea al pueblo vemos exactamente cómo está acotada, plantada, habitada y gestionada la tierra; el patrón de la actividad humana, en el sentido más literal. Así, en lo que respecta a su gama de intereses, el tiempo geológico empieza a pasar, junto con las montañas, a un segundo plano y el tiempo humano toma el relevo. Davies hace observaciones sobre la economía del Keswick del siglo XIII, sobre cómo el mercado dio paso a las minas; cómo la industria del cobre suministró barcos de guerra en la época de Jacobo I y cómo, más tarde, las minas de grafito engendraron las primeras fábricas de lápices del mundo. Davies ha cruzado el puente y ha dejado atrás su atención por la montaña con un núcleo urbano a sus pies. Ya no hay vuelta atrás. A partir de ahora, sus series estarán, antes que nada, comprometidas con mostrar la influencia que las dos grandes revoluciones sociales de la historia de Inglaterra han tenido sobre el paisaje: la revolución industrial de los siglos XVIII y XIX y su desmantelamiento posterior a finales del XX.

Para John Davies, Sheffield vendría a ser la quintaesencia de la población. La proximidad de los Peninos condicionó su disposición. Está construida sobre siete colinas, como Roma, lo que explica que su relación con el paisaje circundante sea muy explícita. Las colinas ofrecen a Davies múltiples atalayas desde las que contemplarla. Es una urbe relativamente insulsa, muy alejada del *glamour* de las metrópolis, sin pretensiones y sin nada concreto que ver. Su trabajo retrata las fases de su evolución desde su citado origen nórdico, pero centrándose especialmente en su desarrollo industrial, de finales del siglo XVIII en adelante, así como en la historia de la gente que trabajaba en sus fábricas. El trazado refleja dicho desarrollo: en el siglo XVIII se construyó la infraestructura del canal, en el XIX se añadió la línea de ferrocarril y, a principios del XX, llegaron las carreteras. Subraya cómo se convirtió en centro de elaboración de armas, hecho que atrajo a los bombarderos alemanes durante la Segunda

Guerra Mundial; y cómo, en la década de 1950 y 1960, las áreas del casco histórico que habían sobrevivido a la contienda se esfumaron para dar paso a rondas de circunvalación de los barrios pobres del centro y viviendas de protección oficial. Davies hace referencia a los cambios en el paisaje de la ciudad que se produjeron tras la toma de sus fotografías: la desaparición de los edificios altos y la remodelación del canal para transformarlo en un centro de ocio. No se trata sólo de fotografías con historia, son auténticas fotografías históricas que describen lugares antes y después de materializarse un cambio.

Durham Ox, Sheffield 1981 es probablemente la imagen más atractiva de todas las que Davies ha tomado en esa localidad y contiene, además, muchos de los elementos distintivos de su estilo. Para empezar, aunque reproduce una escena normal y corriente, lo hace con una calidad estética y un encuadre perfectos. La ciudad se despliega ante nuestros ojos, con sus modernas carreteras en el primer plano yuxtaponiéndose a las líneas de sus antepasados, la del ferrocarril y la del canal, que quedan junto a las fábricas a las que daban servicio en los siglos XIX y XX. Encontramos un terreno baldío, producto del bombardeo y de la deschabolización de la década de 1950, que abrirá el camino a las redes viarias. A la sombra de la colina que queda detrás del fotógrafo, hay un pub del siglo XIX, el Durham Ox, un espacio arquitectónico abandonado, en un terreno yermo, aislado entre las nuevas carreteras, como si fuera un fantasma de otra época. Davies explica que el pub debe su nombre (El Toro Durham) a un animal que fue premiado y causó sensación en las ferias ganaderas de toda Inglaterra entre 1802 y 1807, hecho que nos habla del pasado agrícola e industrial de la economía y la cultura de Sheffield.

En otra de las fotografías de esta población, *Skye Edge Lofts*, Sheffield 1981, refleja la ciudad desde la temática de las palomas de carreras. En un árido paisaje urbano, el encanto lo ponen unos trabajadores que llevan gorras de lana con visera y crían palomas en cobertizos caseros que quedan visualmente por encima de las torres de pisos. Davies, siempre tan preocupado por saber quién es el propietario de los terrenos y qué quiere de ellos, nos cuenta que son del Ayuntamiento y que, en esos momentos, está en marcha un plan de urbanización. De ahí que, por supuesto, uno se pregunte qué habrá ocurrido desde 1981 con los hombres de las gorras de lana con visera, acostumbrados a organizar carreras de palomas, y si la urbanización habrá restado calidad estética a la zona o, por el contrario, la habrá mejorado.

La serie, en su conjunto, aborda la cuestión del desarrollo del paisaje y da a entender que, a finales del siglo XX, los ingleses habían aprendido a regenerar sus urbes con mucha más maestría de la que aplicaron durante el proceso de reconstrucción de la postguerra. La última fotografía, cuando menos por ahora, es *Site of Easington* Colliery, County Durham 2004. Tanto el título como la leyenda nos remiten a las imágenes realizadas en ese mismo lugar en 1983. La productiva mina de carbón que era la única razón de ser de la localidad desde principios del siglo XX –cuando, por sorprendente que parezca, Inglaterra era el mayor exportador de carbón del mundo– ha sido demolida y la costa, antaño oscurecida por los residuos del mineral, se ha convertido en un

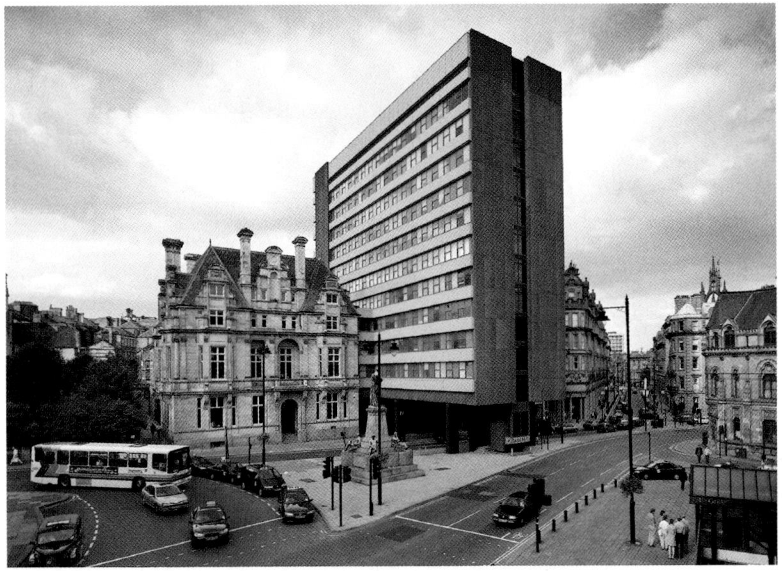

conjunto de praderas, bosques y playas calificado como «patrimonio litoral de Durham». Sin embargo, en otros lugares la política es omnipresente. Entre otras cosas, las imágenes sirven de documento de lo que Margaret Thatcher le hizo a Inglaterra; fundamentalmente puso punto final a la industria del carbón con el fin de asestar un golpe mortal a los sindicatos. Davies apunta, con ironía, que los esfuerzos destinados a la reconstrucción de la economía de Easington después del cierre de la mina originaron muchos puestos de trabajo en servicios de atención telefónica. Y uno se plantea si fue ésa la suerte que corrieron los hombres de las gorras de lana con visera.

Davies recurre a su talento gráfico para contarnos historias particulares. Sus imágenes no son abstracciones de un paisaje ni presentan generalizaciones. Nos hablan de espacios concretos, de momentos concretos y de las historias concretas inscritas en ellos. Tal vez el marco esté algo idealizado a tenor de la simetría formal, y sus primeras fotografías de montaña podrían considerarse idílicas, pero lo que Davies busca es mostrar el paisaje inglés, no idealizarlo. Aun así, poseen cierta vaga idealización, relacionada con el modo en que el autor concibe a su público. Davies quiere que leamos esos paisajes, que nos comprometamos con ellos y tratemos de comprenderlos, en definitiva, que compartamos su pasión por ver el constante devenir del paisaje británico. Dudo que al espectador que vive fuera de Inglaterra, que no conoce a fondo la revolución industrial ni las historias asociadas con esos paisajes, o que no ha vivido el drama de la batalla de Margaret Thatcher con los mineros le resulte fácil captar todo eso. Pero las imágenes de Davies sugieren la existencia de un público ideal, formado, es de suponer, por personas como él, personas que recorren Inglaterra con paso tranquilo, en lugar de cruzar a toda prisa sin darse cuenta de nada, personas que contemplan las particularidades que han hecho de un espacio lo que es, el cómo y el porqué, que se interesan por entender por qué se construyó una carretera o una red viaria en determinado punto, por descubrir qué se producía en las fábricas que ocupaban un solar determinado antes de ser derruidas, por la proeza de la ingeniería que representó la edificación de un viaducto ferroviario en la época victoriana o un puente de una autopista a finales del XX, por el auge y la caída de la industria del algodón y el carbón, o por los aciertos ideológicos del capitalismo y el socialismo, y por la impronta que todo eso ha dejado en el terreno.

John Davies no siente nostalgia por la Inglaterra del pasado, pero recurre a una especie de nostalgia para invitar a la reflexión. Sus fotografías nos dan razones de peso para cuidar mejor el paisaje inglés y potenciar el compromiso con la historia local. Si hay una generalización en su obra es la de ver que las historias escritas sobre el paisaje –sobre cualquier paisaje– merecen ser objeto de estudio y reflexión.

IMAGEN. Westgate, Newcastle-upon-Tyne, 2001

Harpur Hill, Derbyshire, 1985

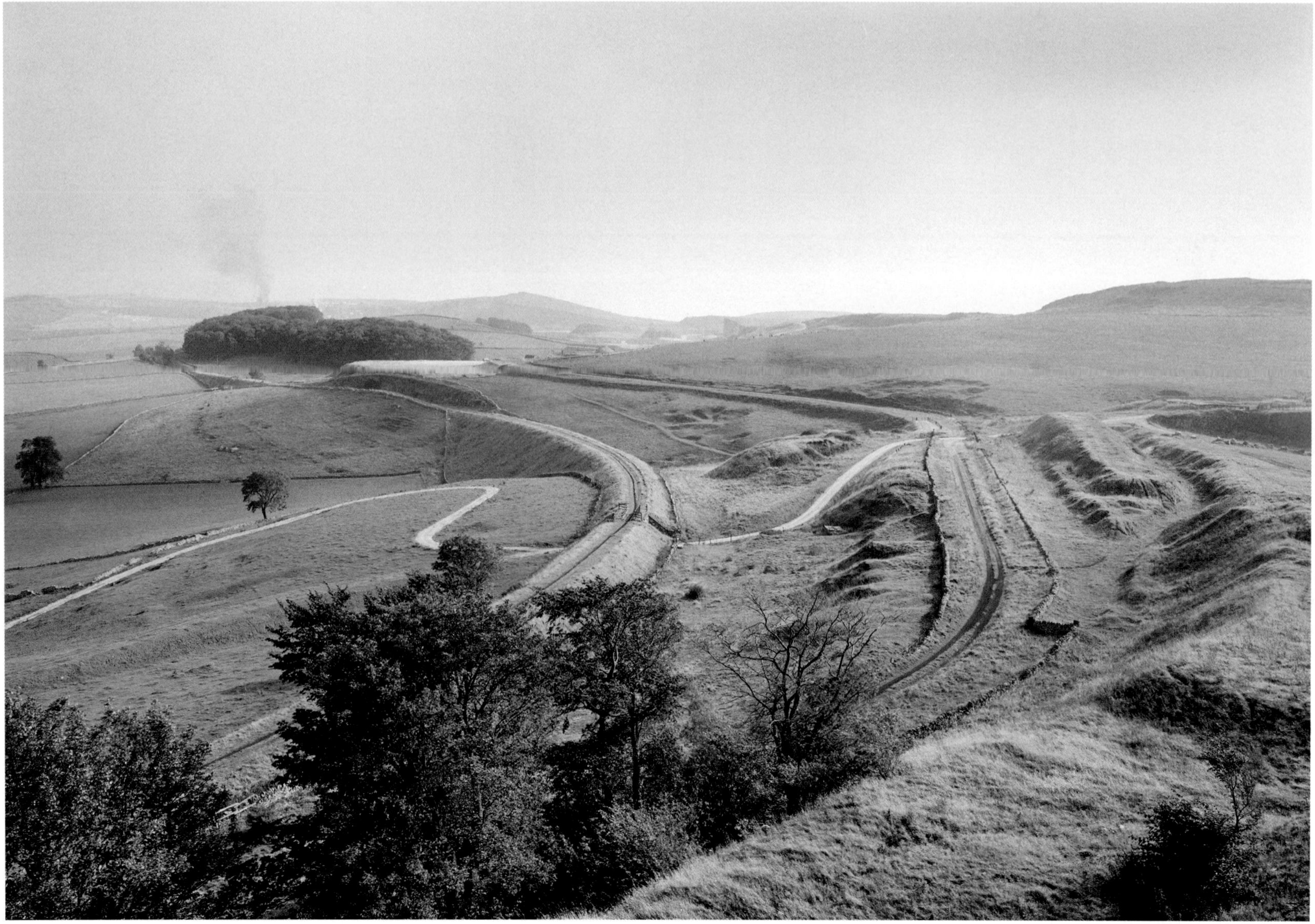

Great Gable, Cumbria, 1980

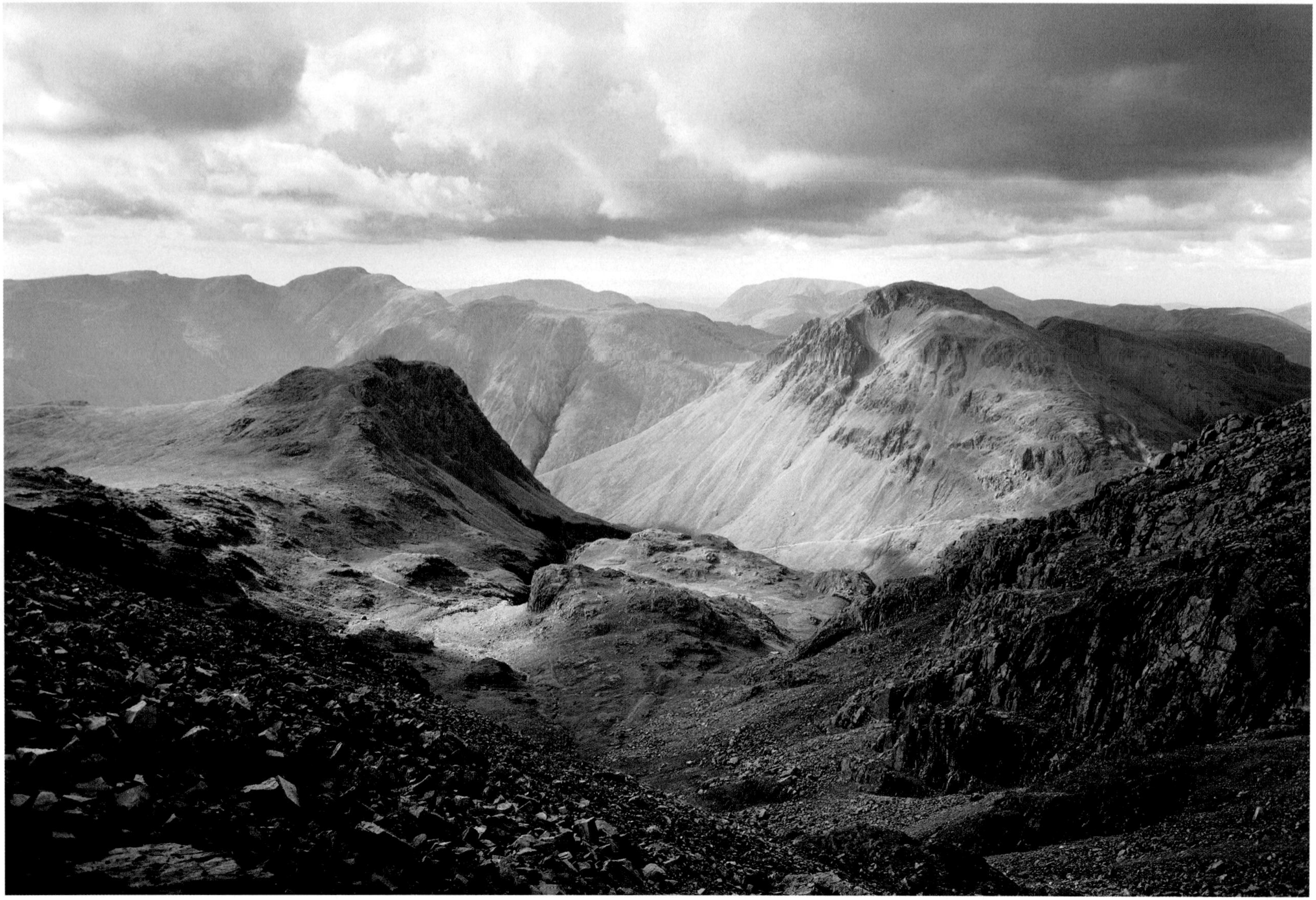

Garth Woods, Cardiff, 1996

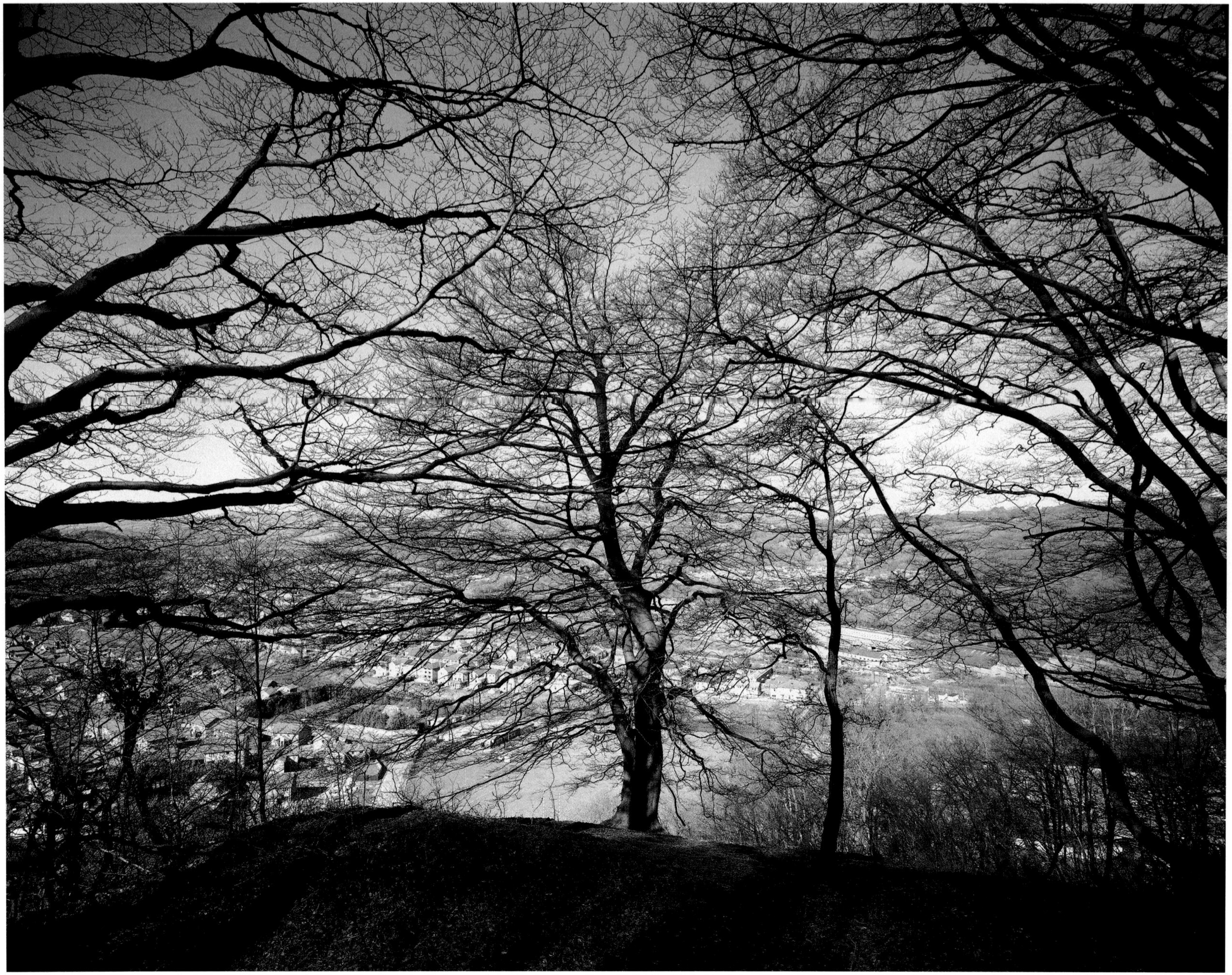

Agecroft Power Station, Salford, 1983

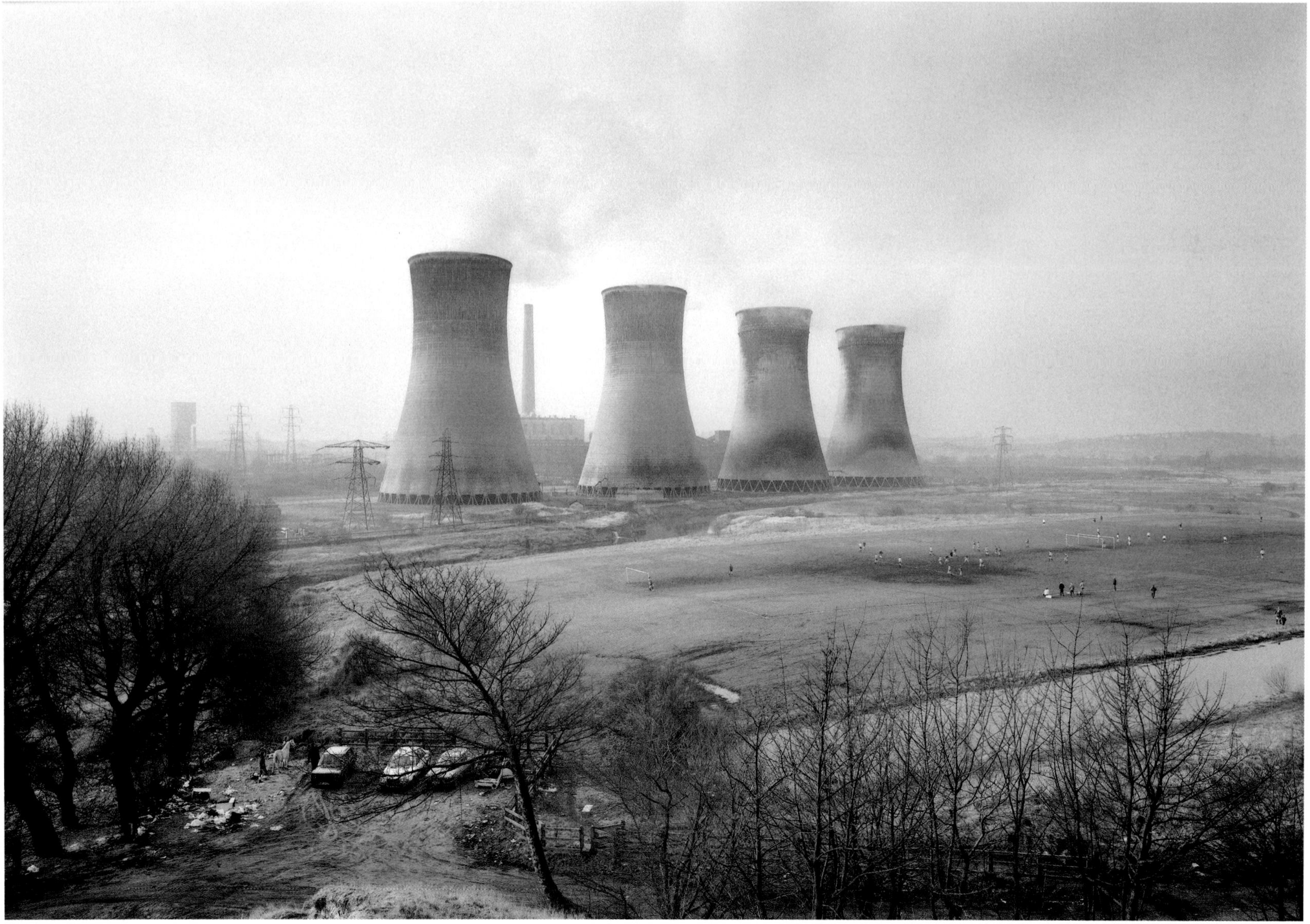

Reddish Vale, Stockport, 1988

Trawsfynydd Nuclear Power Station, Snowdonia, 1994. [Pág. 40].
Netherthorpe, Sheffield, 1981. [Pág. 41].

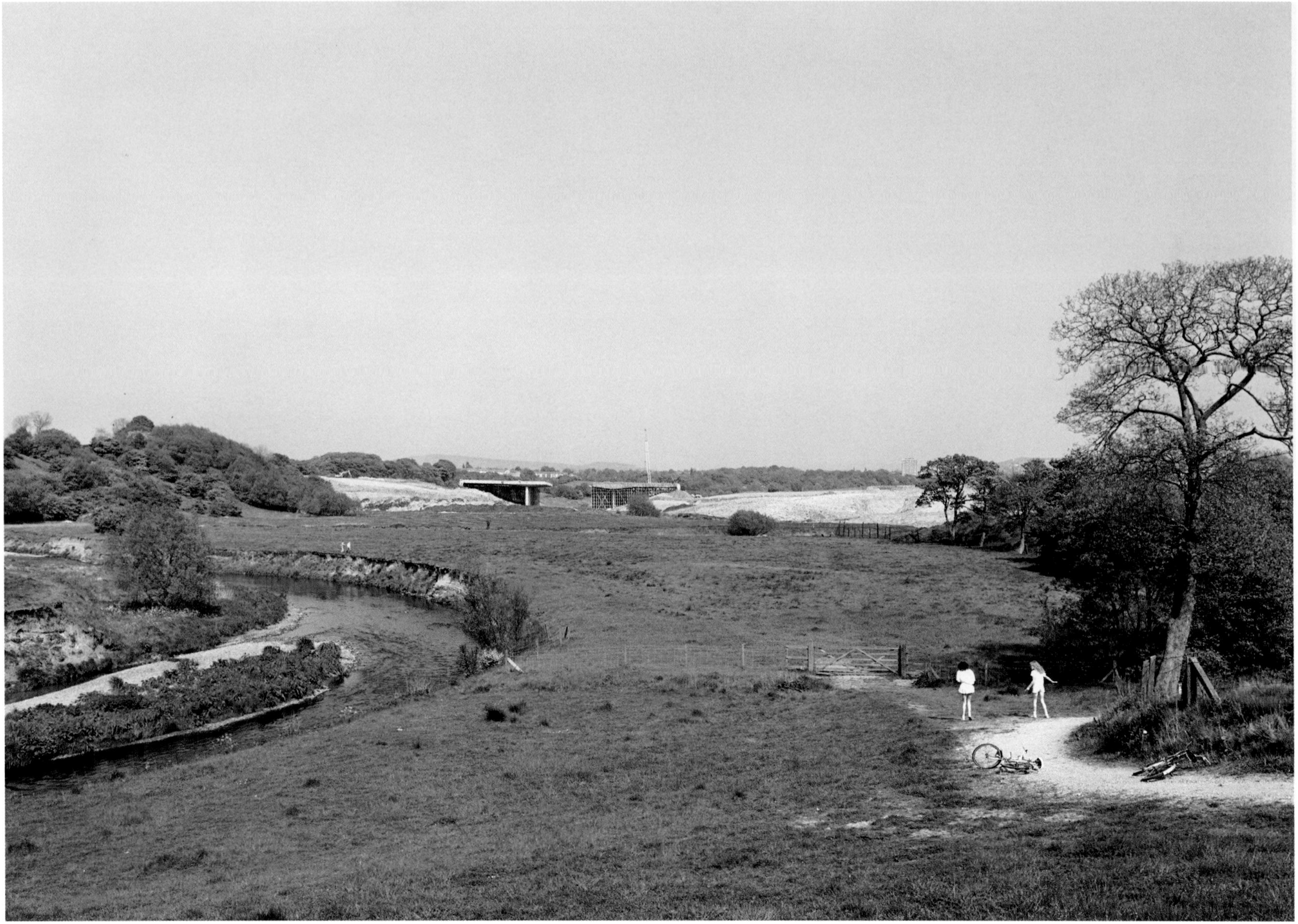

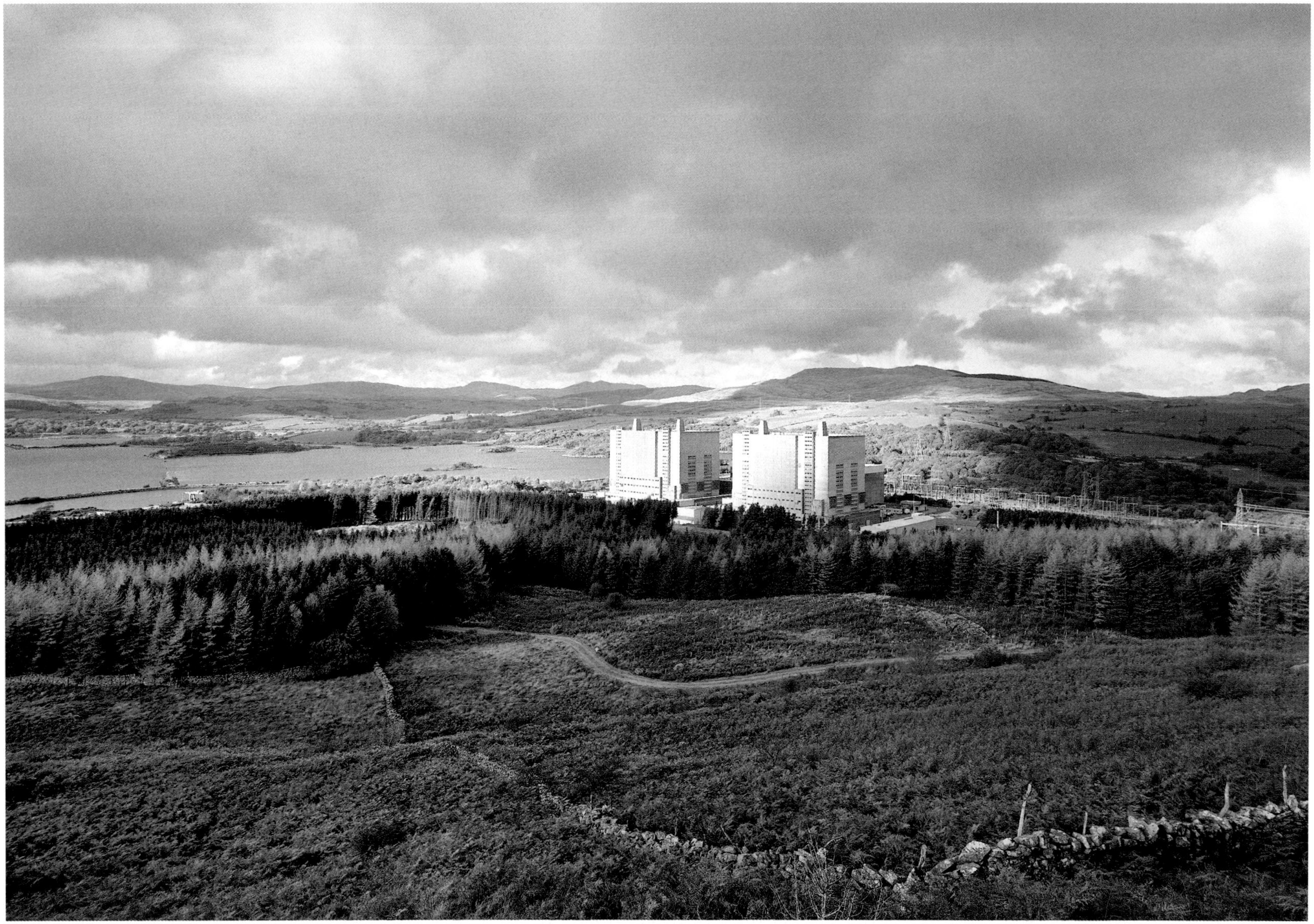

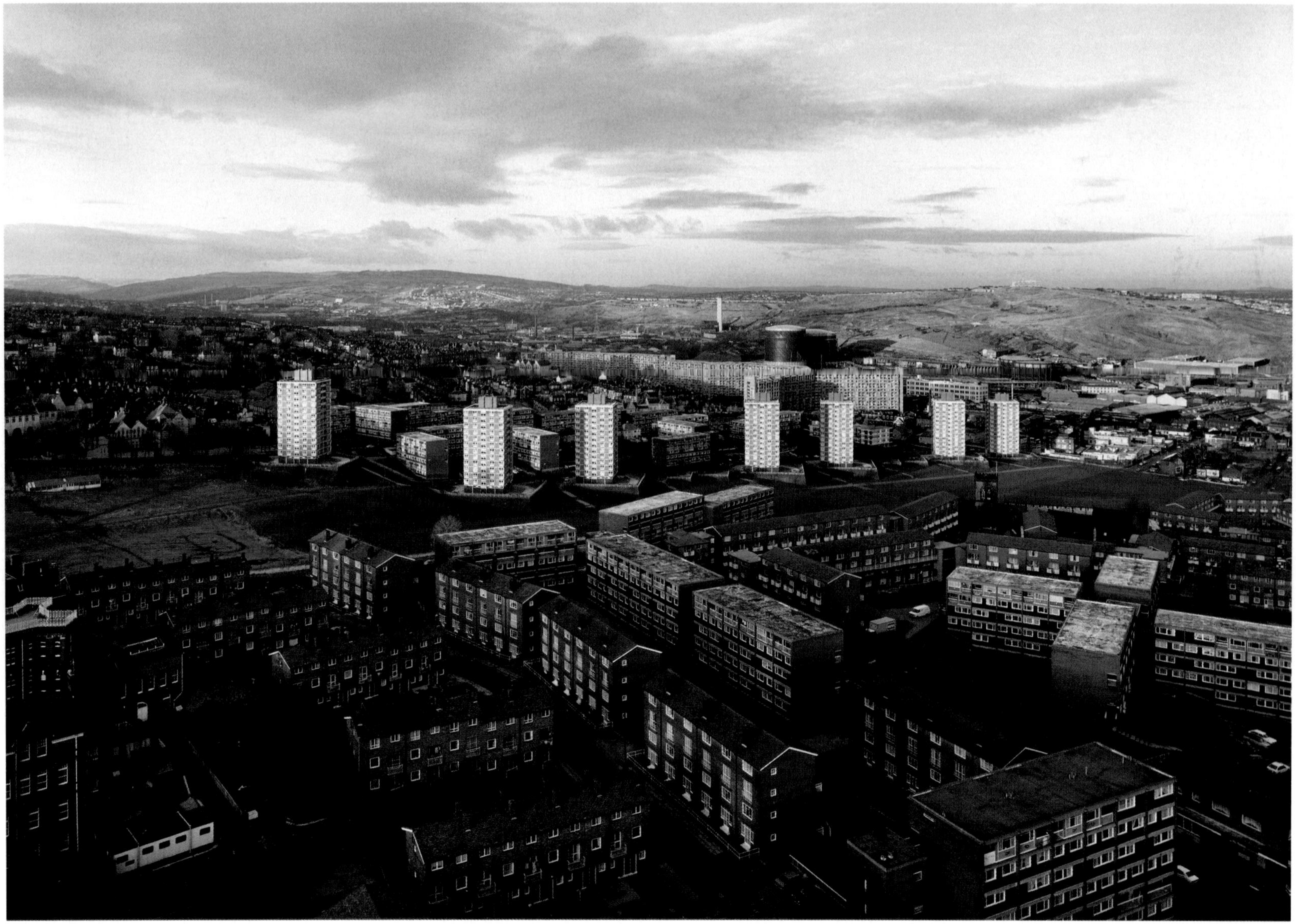

Cardiff, 1996

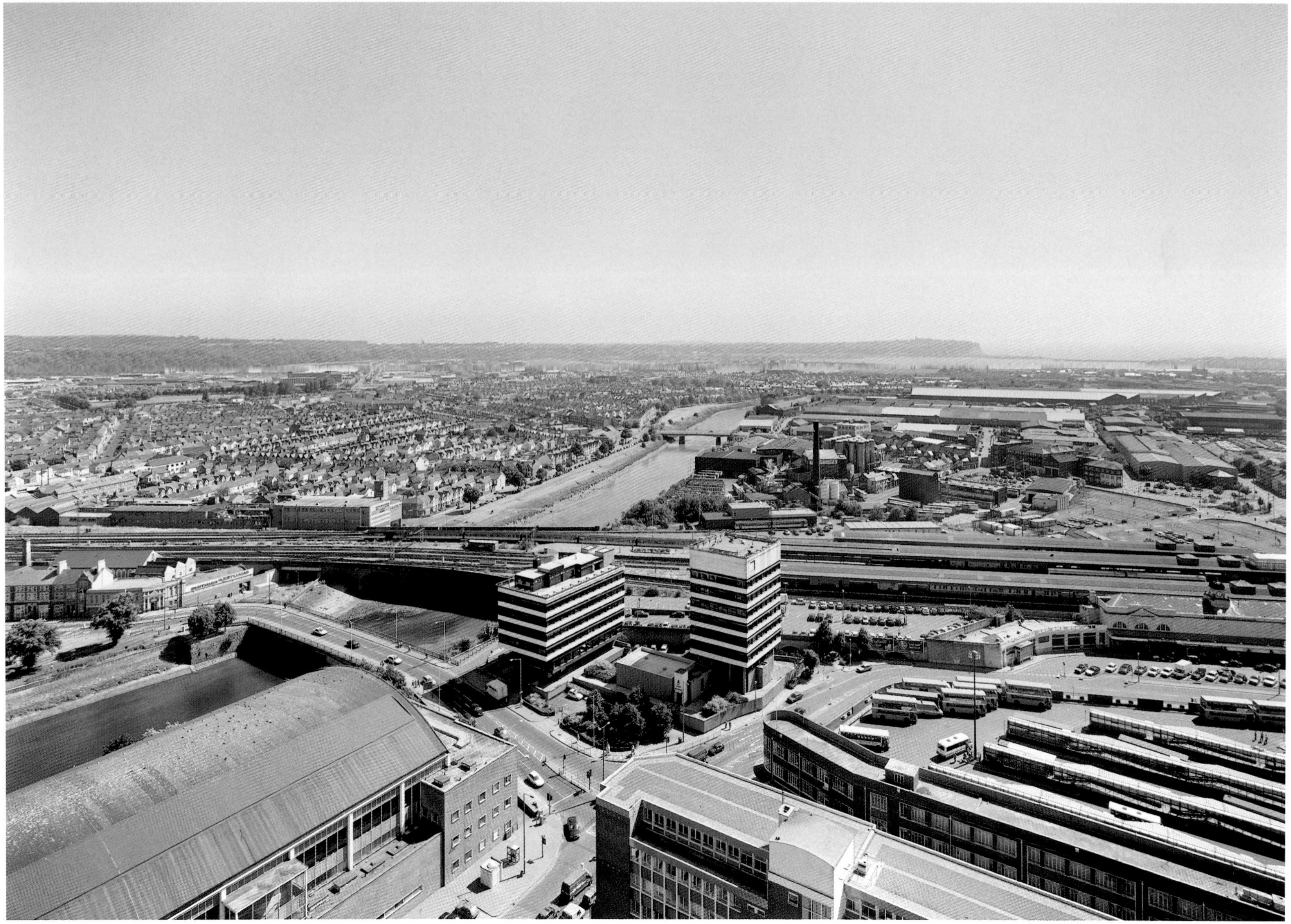

Gas Street Basin, Birmingham, 2000

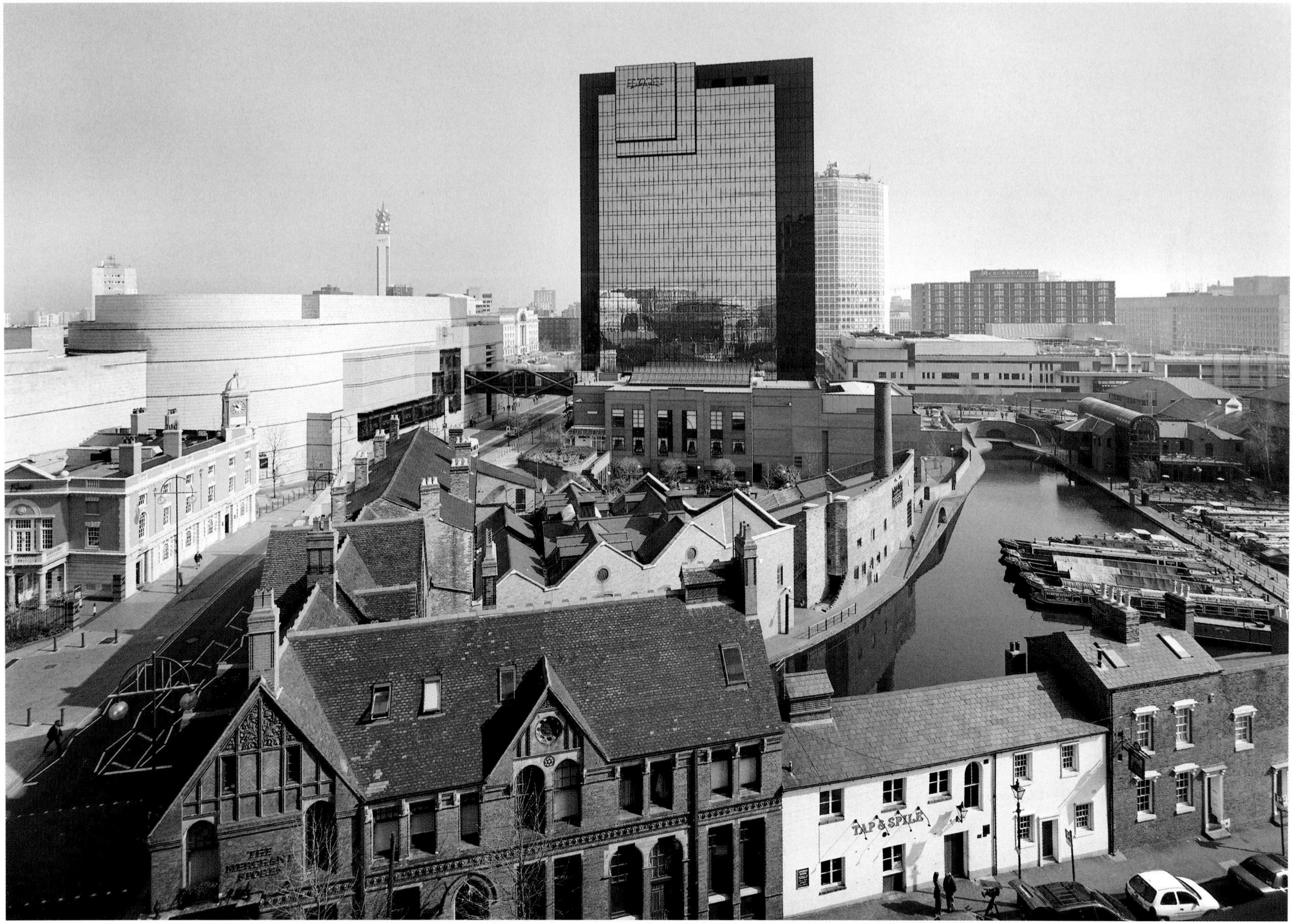
TAP & SPILE

Hammersmith Flyover, London, 2001

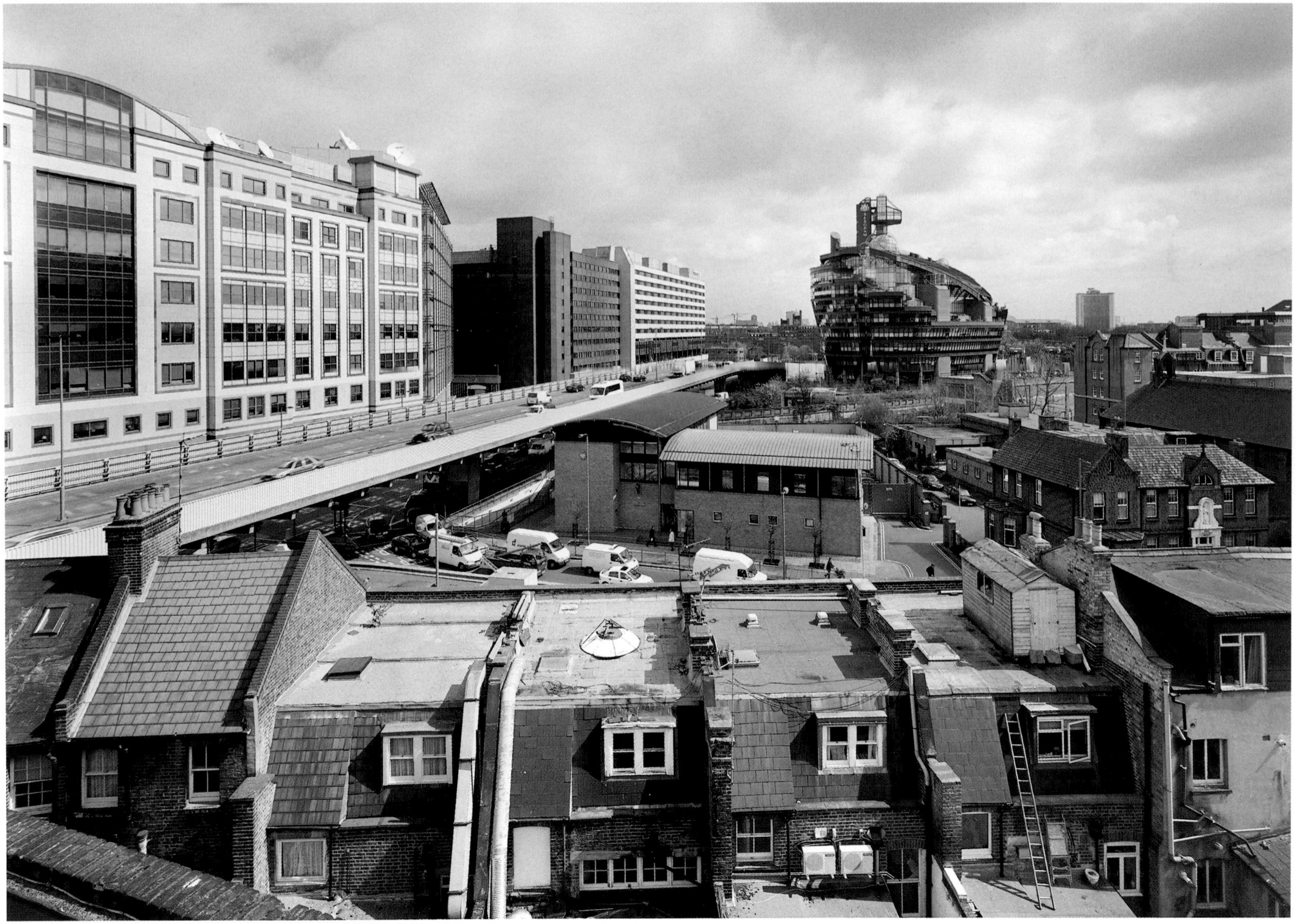

Stockport Viaduct, Stockport, 1986

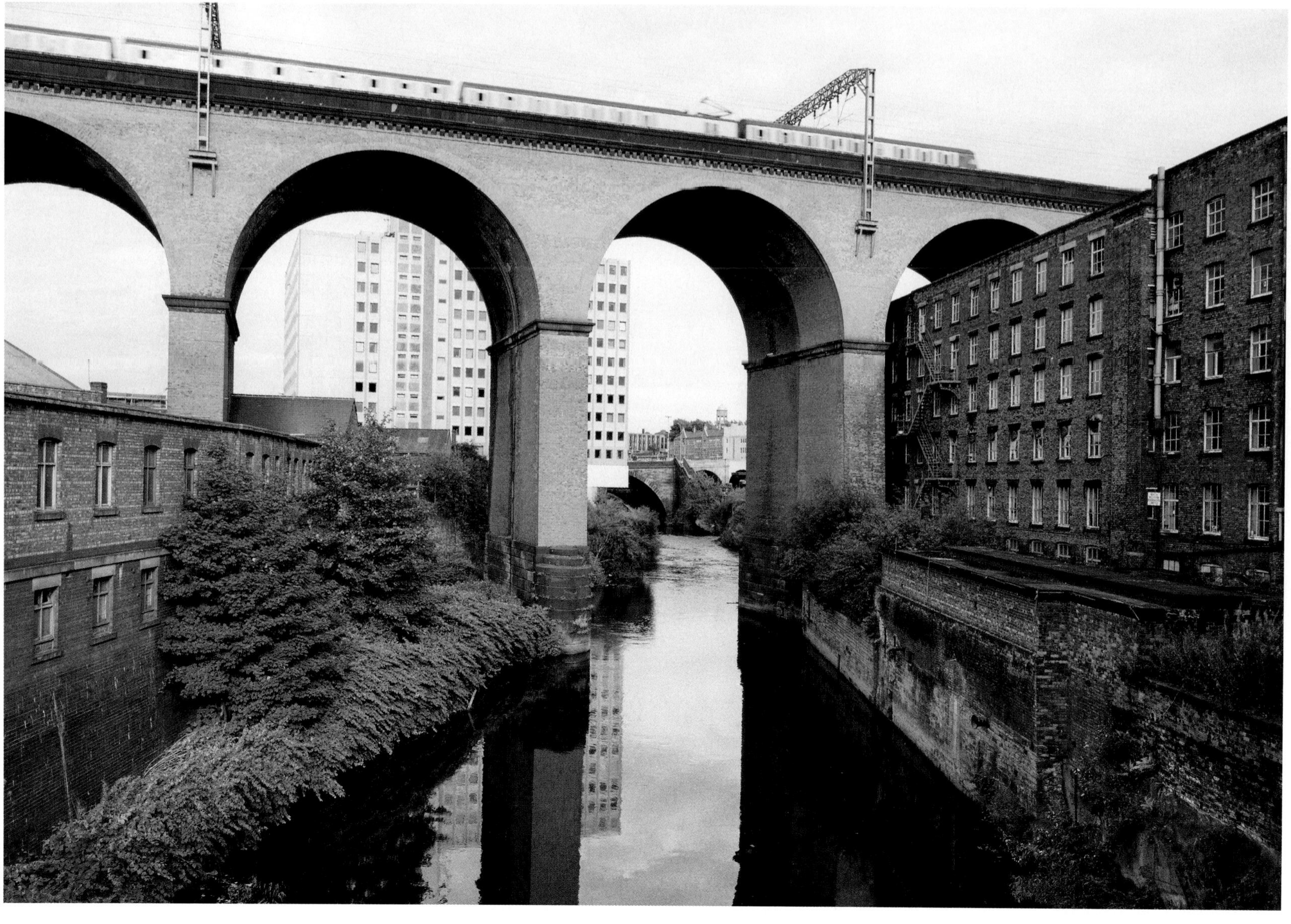

Dilemas

Enrica Viganò

¡Al primer impacto todo parece tan hermoso y claro! Una espléndida y gigantesca fotografía en color cuelga de la pared de un centro de arte contemporáneo. Las dimensiones de la impresión son las que demanda el mercado; el soporte, el más difundido hoy entre los artistas; la nitidez del gran formato, muy actual, sin descuidar, claro está, la perfecta composición de quien ha estudiado la perspectiva. En el último decenio, nos hemos «acostumbrado» a ver esta clase de obras circulando por las galerías. Lástima, sin embargo, que, en el caso de Edward Burtynsky (St. Catharines, Canadá, 1955) no podamos detenernos en el primer impacto, disfrutando con el sublime paisaje. La abundancia de detalles, en efecto, nos atrae hacia el interior de la imagen, empezamos a investigar el contenido y a buscar una referencia para la escala visual, y justamente ahí descubrimos el lado oscuro del lugar representado: las líneas y los colores que hacen fascinante la estética de la fotografía son, en realidad, el espejo de nuestra ruina.

De esta manera, nos encontramos ante un dilema o, mejor dicho, ante más de uno: el que existe entre forma y contenido, después el más estrictamente moral entre mensaje y mercado y, por último, aunque no menos importante, el que hay entre nuestra avidez a la hora de explotar los recursos de la Tierra y la certidumbre de que así nos estamos destruyendo.

Desde el primer momento, me ha seducido el extraordinario efecto contradictorio de las obras de Edward Burtynsky. Imagino que la mayoría del público comparte este sentimiento, ya que su intención explícita es la de captar nuestra atención mediante la belleza para

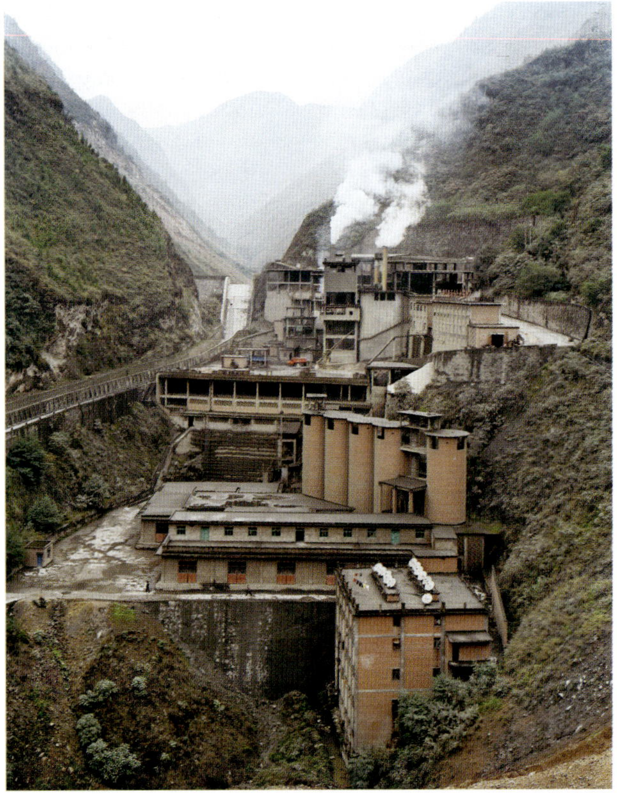

hacernos reflexionar sobre la otra cara de nuestro éxito evolutivo. Un equilibrio delicado que tiene sus bases en el credo de Garry Winogrand, que escuchó en una conferencia cuando aún era estudiante: «Winogrand afirmó que sentía que una imagen había cumplido su objetivo cuando forma y contenido se equilibraban, cuando una no dominaba al otro, ni viceversa. En fotografía, si se exagera en una dirección, se cae en el documental, si se exagera en la otra, caemos en un ejercicio formalista»[1].

El poder de la estética no debe infravalorarse: si las imágenes no presentasen esa forma, el contenido no llegaría a tanta gente. Hemos de tomarlo como un hecho. Pero ¿es correcto que una fotografía de denuncia se «atenúe» para hacerse mirar? ¿o que ponga el dedo en la llaga para hacerse comprar? Desde un punto de vista moral, esta observación chirría. Si tuviésemos que encomendarnos al juicio de este comportamiento en el plano de la coherencia, deberíamos decir a Burtynsky que no se pavonease de nuestras desgracias. ¿Su declarado compromiso social sigue siendo digno? O, para expresarlo más brutalmente, como hace Mark Kingswell: «¿Es un defensor de la sostenibilidad o bien un involuntario proveedor de porno ecológico?»[2].

La ráfaga de preguntas continúa: cuando miramos estas piezas, ¿qué vemos? ¿Nos dejamos fascinar por los paisajes descritos con tanta maestría artística o somos capaces de ir más allá? El meollo de la cuestión radica justamente aquí. El desastre ambiental es el objeto de las fotografías de Burtynsky desde hace más de 20 años; él, sin insistir demasiado en el mensaje político, subraya algunas cuestiones fundamentales para toda la humanidad: «Siento que mostrando aquellos lugares que normalmente se hallan fuera de nuestra experiencia, pero que ocupan una parte muy importante de nuestra vida cotidiana, puedo aportar algo a nuestro conocimiento sobre quiénes somos y qué estamos haciendo»[3].

Efectivamente, ¿quiénes entre nosotros habían visto alguna vez las magníficas coladas de escorias rojas, incandescentes, que surcan una tierra negra y contaminan impunemente el medio ambiente? ¿Y que lo hacen, además, como un flagelo procedente directamente del infierno pero camuflado de encanto? Sinceramente, si no hubiese descubierto esta imagen en la cubierta del libro y no hubiese leído su lacónica leyenda, Escorias de níquel, mi imaginación nunca habría llegado a visualizar una invasión tan agresiva y ofensiva del territorio. ¿Podría afirmarse que el fin justifica los medios? Según mi opinión, sí, y añadiría que la constancia de Burtynsky en buscar en cualquier rincón del mundo pruebas de la destrucción del ecosistema confirma su buena fe: su motivación es genuina y su «truco» para ser escuchado evidentemente funciona.

Aun manteniéndome ojo avizor, me alejo de las críticas más radicales, como las manifestadas por Mark Kingswell: «Cuando, por ejemplo, miramos sus famosas imágenes con desechos industriales que contaminan suministros de agua o las agresiones a los paisajes provocadas por las canteras italianas y los cementerios de barcos en la India, y visualizamos los colores sobrenaturales del acero oxidado o de los vertidos tóxicos, ¿nos estamos evadiendo, iniciamos acaso una profanación que, en cierto modo, es tan dañina como las imágenes que ofrecen hermosos y hambrientos rostros en gelatina plateada o miembros destrozados por algún genocidio? ¿Qué impacto queda si, digamos, lo que es de hecho un caso real, una gran imagen del desastre medioambiental, se usa como decoración artística en la sala de embarque de clase preferente de uno de los principales aeropuertos de Norteamérica?»[4].

Estoy convencida de que esa fuerte sensación de extrañeza que acompaña la asimilación a través de nuestros sentidos y de nuestro cerebro de los signos icónicos de sus fotografías implica la necesidad de aproximarse a la verdad. Y esto es algo que no debemos infravalorar. El formalismo estético del que pecan sus obras favorece, de cualquier manera, el «desenmascaramiento del mal»: una yuxtaposición macabra y seductora, pero totalmente eficaz.

Asimismo, si consideramos la fotografía como medio de comunicación, tenemos que reconocer que ese tránsito entre la ilusión de paisajes indefinidos y la toma de conciencia de lo que representan es un canal adecuado a tal fin: «En un mundo mediatizado sólo cuenta aquello de lo que se habla, lo que se muestra. No existe otra cosa, simplemente no está. Con sus imágenes, la fotografía crea el mundo que queremos recordar y que recordaremos»[5], afirma Urs Stahel.

Una vez «abordado» este dilema, intentemos enfrentarnos a otro. Las imágenes de Ed Burtynsky son una metáfora de la eterna contradicción del ser humano, quien, desde siempre, toma de la Naturaleza lo que le sirve para «mejorar» la calidad de vida, aunque inevitablemente provoca su deterioro. «Estamos obligados a progresar. Desde el momento en que

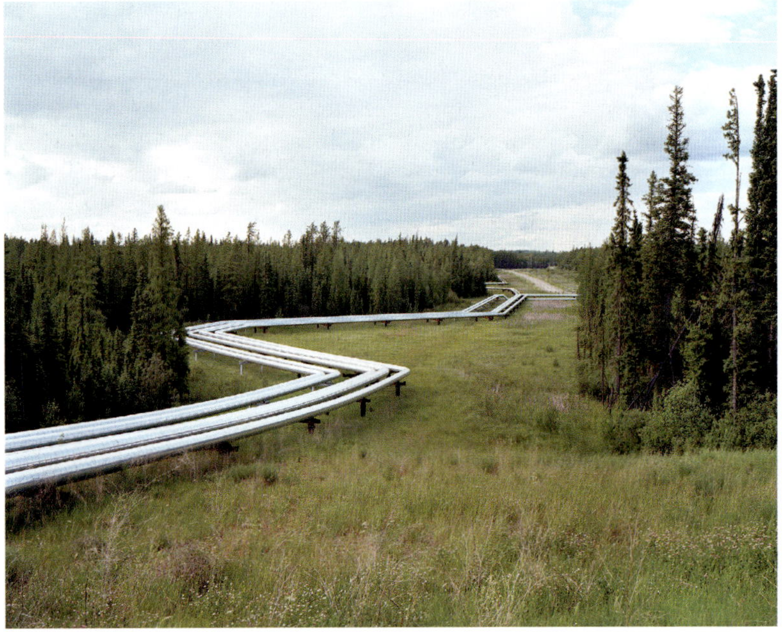

el hombre se mantuvo erguido sobre sus pies, empezó a extraer cosas de la tierra. Durante todo el siglo XX, hemos asistido a la aceleración de este gran motor de consumo»[6], escribe Michael Torosian. El objetivo de Burtynsky se centra en los efectos de la intervención humana sobre la Naturaleza, en la invasión insolente de la industrialización del entorno. Ha fotografiado canteras y minas, campos de petróleo y diques, desde América a China, con el propósito de captar las grandes mutaciones ambientales. El consumismo nos convierte en seres insaciables; explotamos todos los recursos del planeta, saqueamos la materia prima y devolvemos un paisaje metamorfoseado o enfermo.

Burtynsky relata que, al llegar a Toronto procedente de la provincia canadiense donde había crecido, vio por primera vez los grandes edificios e imaginó que debían de corresponder a agujeros de la misma dimensión en el sitio del que se habían sacado los materiales: «Recuerdo estar mirando los edificios de piedra y pensar que fuera de ahí, en algún otro lugar, tenía que haber un interesante paisaje, pues esas piedras debían de haber sido extraídas de una cantera bloque tras bloque. Nunca había visto una cantera en toda su dimensión e imaginé una arquitectura cúbica invertida al lado de una colina»[7]. Esta imaginación le ha guiado a través de los continentes, siguiendo el hilo de largas investigaciones que buscaban lugares que habían sido «sacrificados» a las necesidades del hombre.

Nuestra avidez consumista, además de una inconsciencia reincidente, transforma en riesgo todo aquello que se enmarca bajo la etiqueta de progreso. «Durante veinticinco años, he creado imágenes sobre los cambios llevados a cabo por el hombre e impuestos a la Naturaleza por nuestra civilización. A lo largo de mi trayectoria profesional, he podido tomar conciencia, con preocupación, de las consecuencias que nuestras acciones tienen sobre el mundo. Para mí es prioritario conseguir que las personas sean conscientes de las cosas importantes que están en juego. La herencia de las futuras generaciones dependerá de las decisiones que adoptemos hoy»[8].

Esta alarmante desconexión entre sociedad y ambiente representa uno de esos dilemas insolubles, sobre todo porque afectan a seis mil millones y medio de seres humanos pertenecientes a comunidades muy diferentes. ¿Quién logrará que todos estos Gobiernos se pongan de acuerdo? (¡basta pensar en el comportamiento de Estados Unidos con respecto al protocolo de Kioto!). En definitiva, parece que el efecto de la globalización sólo ha ayudado a pisar el acelerador hacia la voracidad de los bienes materiales, sin aplacar mínimamente la arrogancia del hombre en relación con la madre Tierra: «Un planeta limitado y en equilibrio precario»[9]. No nos queda otra alternativa que denunciar y propagar las informaciones, intentar sensibilizar al mayor número de mentes posibles y seguir mostrando testimonios del desastre.

Si es verdad, tal como escribe John Berger, que «el ideal de la fotografía es congelar un momento 'histórico'»[10], resulta lógico que Burtynsky no pudiese faltar a la cita con la mayor obra de ingeniería del hombre: el dique hidroeléctrico más potente y grande del mundo, que se está levantando en China sobre el río Yangtze, llamado Las Tres Gargantas. Una operación que también prevé la mayor evacuación de personas, en tiempos de paz, en la Historia de la humanidad: más de un millón de individuos deberán ser reubicados tras la destrucción de casas y ciudades enteras. El impacto sobre el medio es espectacular; el objetivo de Burtynsky, implacable.

El dique es una barrera de 2.000 metros de longitud y 185 de altura, que creará un lago de 600 kilómetros sobre los escombros de un entorno con milenios de historia a sus espaldas, que serán eliminados en nombre del progreso. Nadie puede rebatir los datos relativos a su potencia energética: en 2009, cuando esté finalizado, será capaz de producir 18.200 megavatios de energía eléctrica, equivalente a la producción de 16 centrales nucleares. Pero ¿cuáles serán las consecuencias? Es inevitable que surja la consternación ante semejante devastación.

Fascinado por la fotografía paisajística del siglo XIX, Burtynsky recuerda una imagen de Carleton Watkins, en el Metropolitan de Nueva York, como una revelación, no sólo por su calidad, sino también por las condiciones en que se había tomado. Su pensamiento homenajea a los fotógrafos pioneros que, con grandes aparatos, placas de vidrio y medios inciertos afrontaban largos viajes para aportar un testimonio de aquello que consideraban un privilegio ver y un honor compartir después con el resto del mundo. Su aspiración se convierte justamente en aquella de «sal y regresa con algo que el mundo jamás haya visto antes».[11]

De este modo, la elección de los sujetos está condicionada por la búsqueda compulsiva de lugares alejados de su experiencia y de la de quien mirará las fotografías. Las monumentales canteras de mármol de Carrara, así como las extensiones infinitas de perforadoras para bombear el petróleo o las gigantescas minas de carbón, se vuelven espacios «legendarios», gracias también a la demudación de la escala visual: «Con frecuencia mi enfoque provoca una ambigüedad de escala a través de la compresión del espacio mediante la luz y la óptica. No sabemos la dimensión de algo hasta que vemos un detalle cuyo tamaño podemos reconocer. Entonces, hay que reconstruir la realidad para conocer la magnitud real del lugar»[12].

El rito del gran formato implica una actitud contemplativa, querida y perseguida por el autor, además del cuidado casi maniático del «punto de vista». La alteración de la perspectiva tiene su resultado en la psicología de la percepción y, en muchos casos, el efecto de angustia está garantizado. El círculo que gira entre forma y contenido está cerrado.

En la introducción de Lori Pauli a *Manufactured Landscapes* puede leerse: «Como los fotógrafos del XIX a quienes él admira profesionalmente, Burtynsky emplea cámaras con visor de gran formato para obtener nitidez en el enfoque y captar una gran cantidad de detalles. Sus copias de 30 x 40 y de 50 x 60 pulgadas son casi hipnóticas debido a su hiperrealismo y provocan en el espectador un sentido agudizado de la observación que sería inalcanzable si se asistiera a la escena en vivo. La cámara de gran formato permite asimismo a Burtynsky, según sus propias palabras, 'ralentizar su forma de mirar'. La acción de ubicar un trípode y de ver la escena en una pantalla de cristal bajo una tela negra proporciona un acercamiento más contemplativo y, en última instancia, determina una visión más formalizada»[13].

El trabajo de Burtynsky forma parte de la tradición del paisaje industrial, pintado y después fotografiado por varios artistas; otros antes que él y otros contemporáneos encontraron lo sublime en un panorama manipulado por la industrialización y por la explotación de los recursos naturales; sin embargo, pocos como él han desarrollado este filón a lo largo y ancho de los continentes, explorando culturas lejanas. A pesar de ello, recupero una definición utilizada por John Berger para la pintura de L. S. Lowry –dedicada insistentemente al territorio industrial que rodea Manchester–, que podría aplicarse también a Burtynsky: «Es un arte estático, centrado y repetitivo en los temas que afronta. Pero es un arte coherente, valiente, obstinado y único»[14]; un arte que nos devuelve un atlas lleno de descubrimientos, en absoluto gratos, pero necesarios.

IMÁGENES. Three Gorges Dam Project,Wushan #8, Yangtze, China, 2002.
Oil Fields No. 22, Cold Lake Production Area, Cold Lake, Alberta, 2001

Notas

1 Torosian, Michael. «The Essential Element: An Interview with Edward Burtynsky». En: Lori Pauli (ed.). *Manufactured Landscapes. The Photographs of Edward Burtynsky.* New Haven / Londres / Otawa: Yale University Press / National Gallery of Canada, 2003. p. 50.
2 Kingswell, Mark. «The Truth in Photographs: Edward Burtynsky's Revelations of Excess». En: *Burtynsky - China. The Photographs of Edward Burtynsky.* Göttingen: Steidl, 2005. p.17.
3 Torosian, Michael. op. cit. p. 54.
4 Kingswell, Mark. op. cit. p.17.
5 Stahel, Urs. «Che cos'è dunque la fotografia?». En: Valtorta, Roberta. *E' contemporanea la fotografia?* Milán: Lupetti, 2004. p. 52.
6 Torosian, Michael. op. cit. p. 49.
7 Torosian, Michael. op. cit. p. 53.
8 Burtynsky, Edward. «Artist Statement». En: *Burtynsky - China. The Photographs of Edward Burtynsky.* Göttingen: Steidl, 2005.
9 Burtynsky, Edward. op. cit.
10 Berger, John. *Sul guardare.* Milán: Bruno Mondadori, 2003. p.52.
11 Torosian, Michael. op. cit. p. 46.
12 Torosian, Michael. op. cit. p. 52.
13 Pauli, Lori. «Seeing the Big Picture». En: Lori Pauli (ed.). op. cit. p.13.
14 Berger, John. op. cit. p. 100.
15 Torosian, Michael. op. cit. p. 47.

Three Gorges Dam Project, Wan Zhou #2, Yangtze River, China, 2002

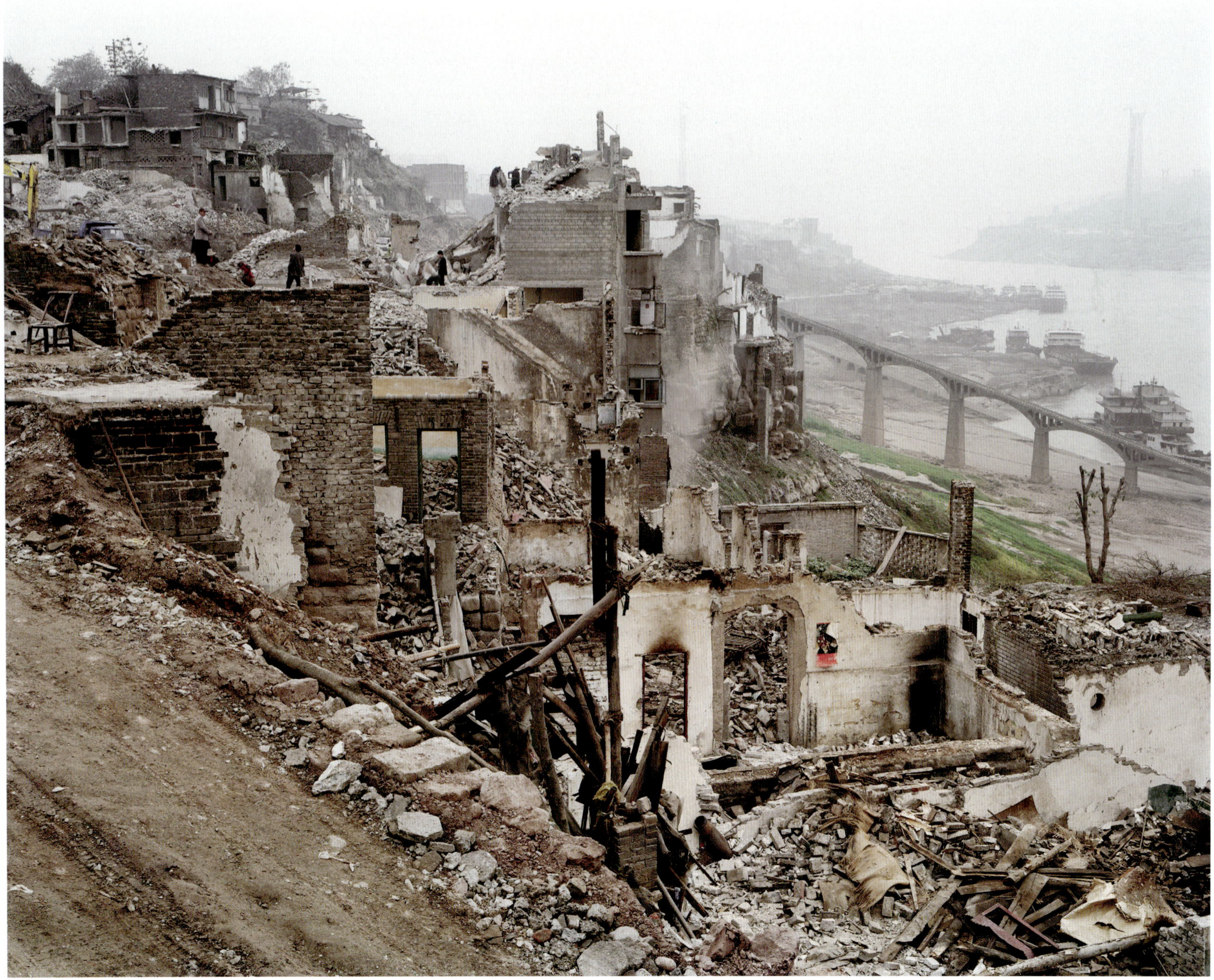

Three Gorges Dam Project, Wan Zhou #4, Yangtze River, China, 2002

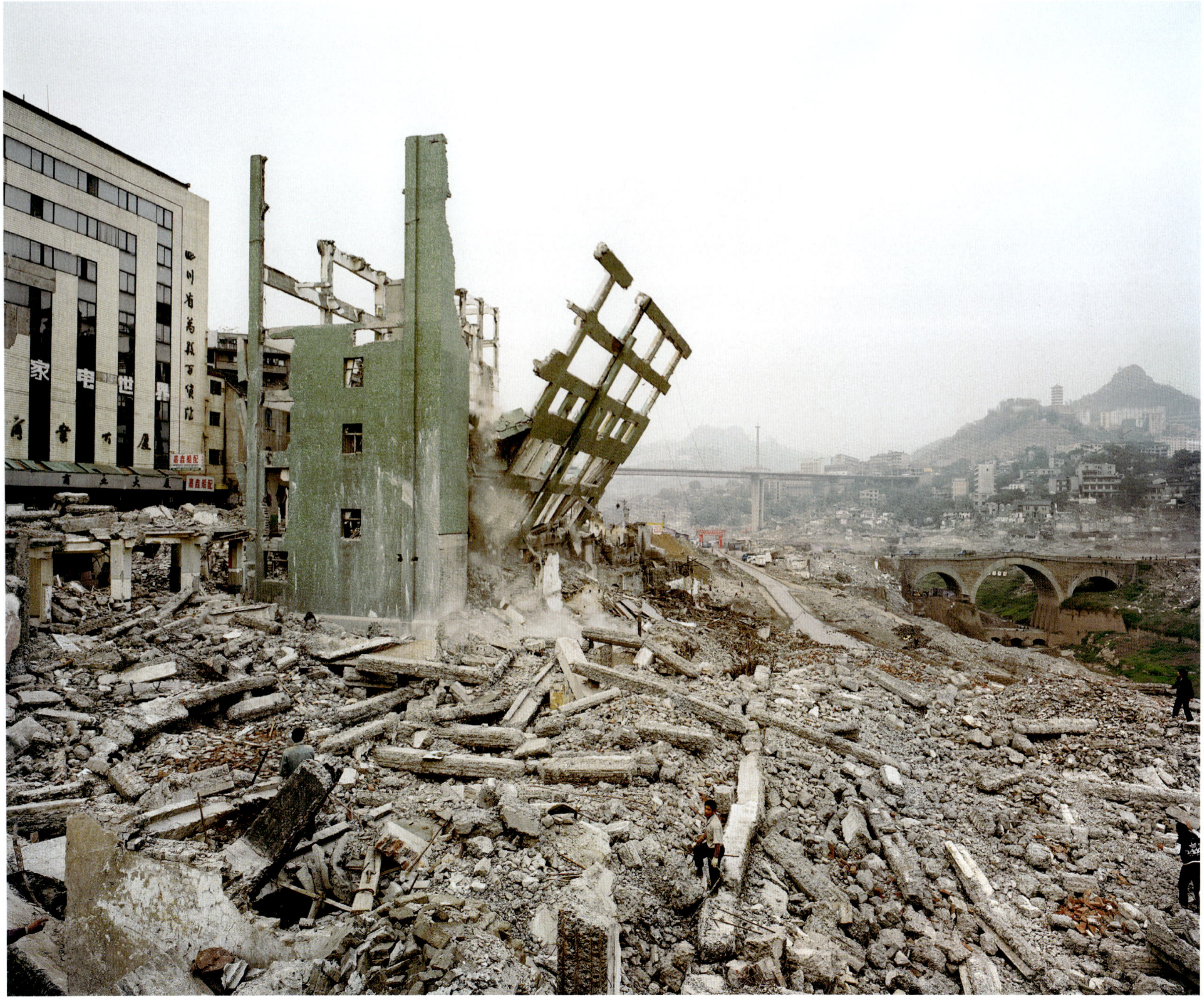
四川省萬縣百貨站
家电世界
嘉鑫船配
嘉鑫船配

Three Gorges Dam Project, Feng Jie #4, Yangtze River, 2002

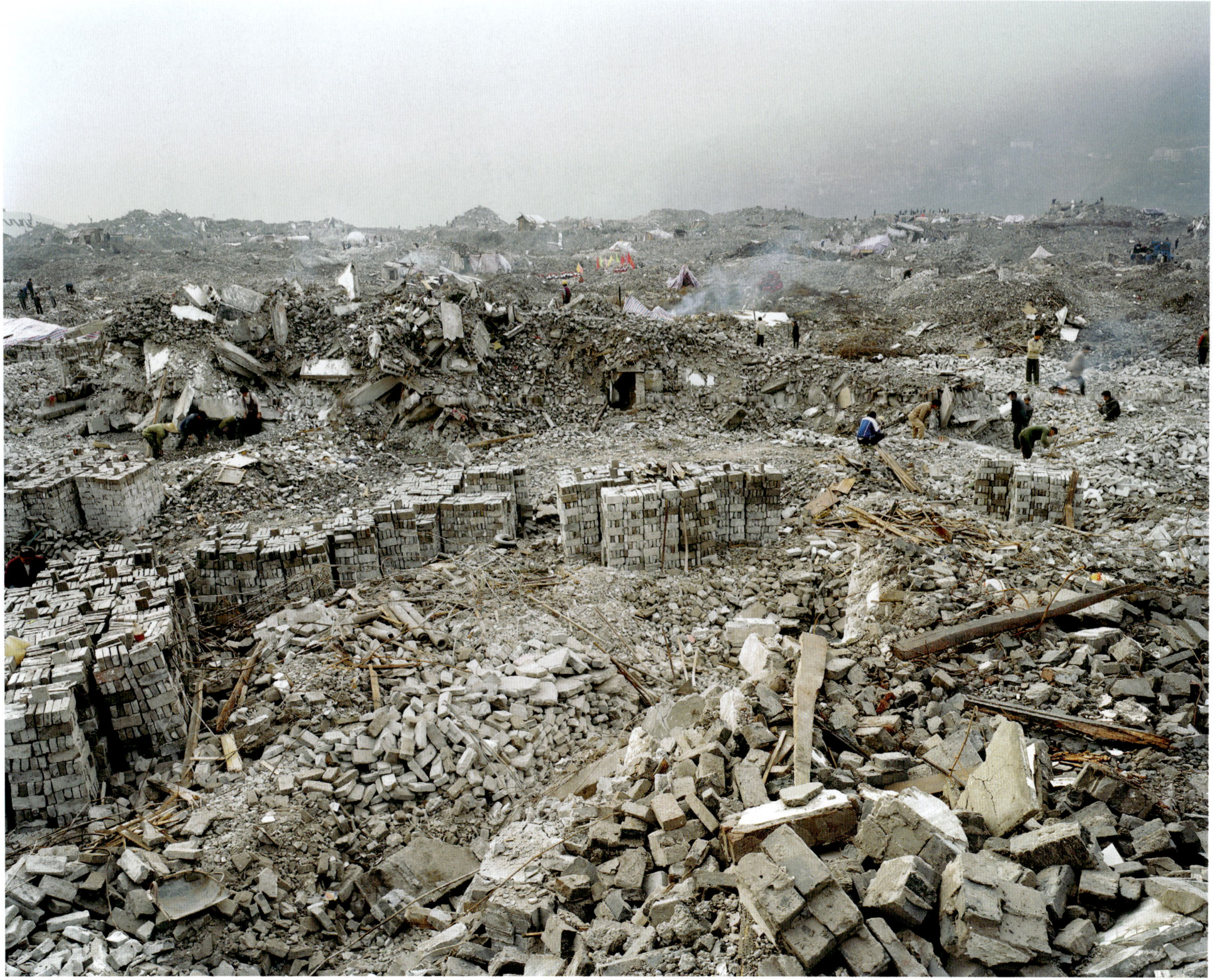

Three Gorges Dam Project, Feng Jie #5, Yangtze River, China, 2002

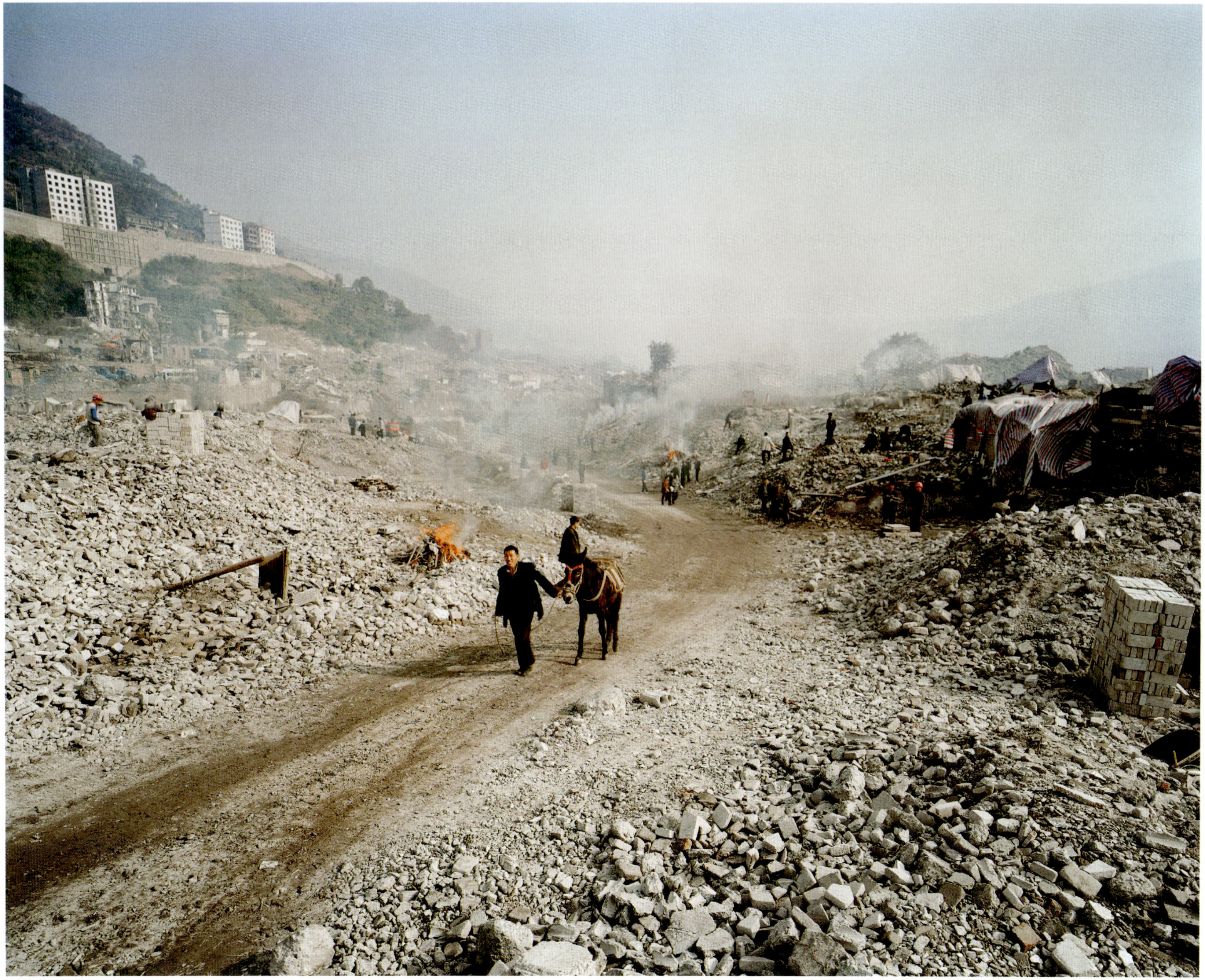

Three Gorges Dam Project, Feng Jie #6, Yangtze River, China, 2002

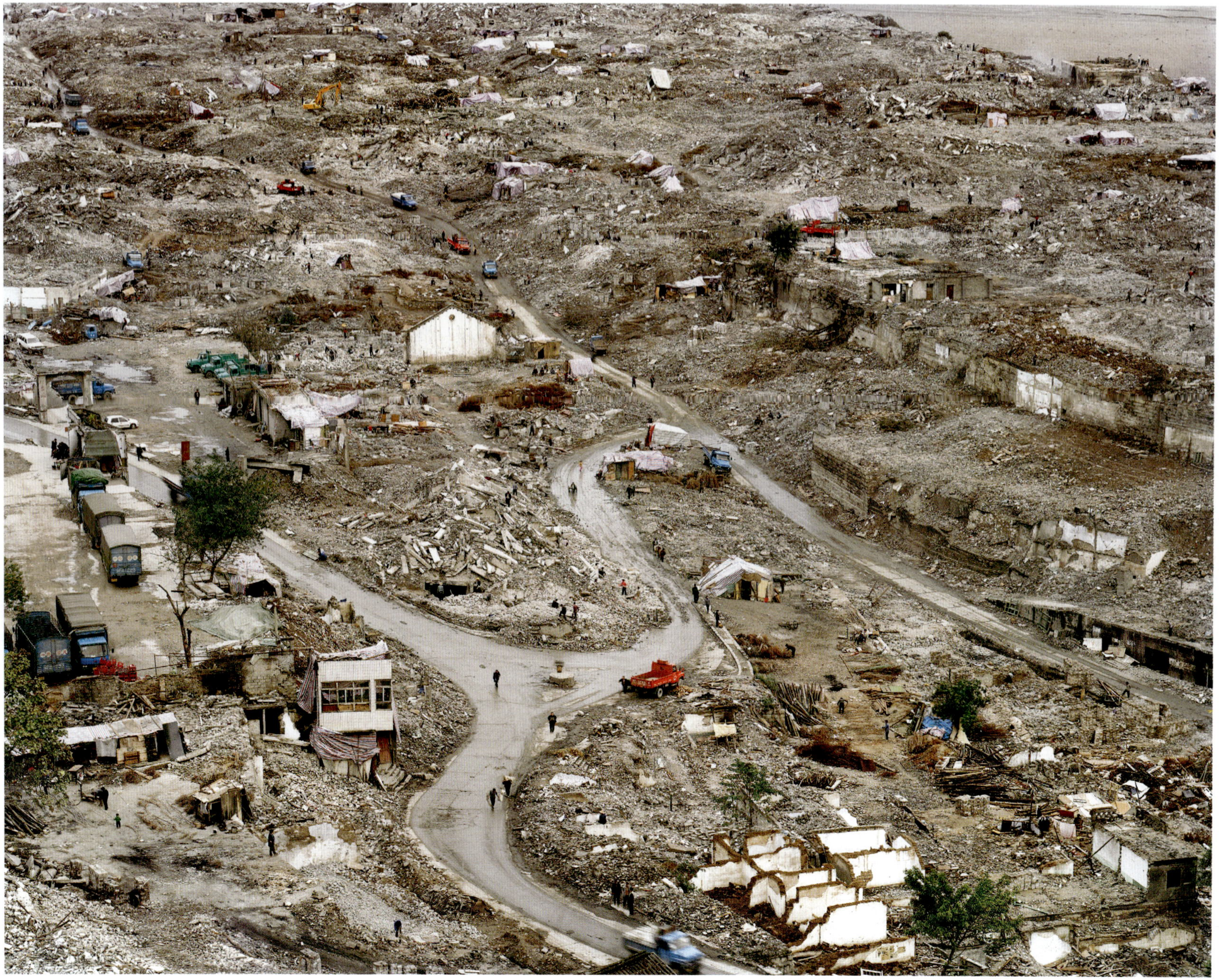

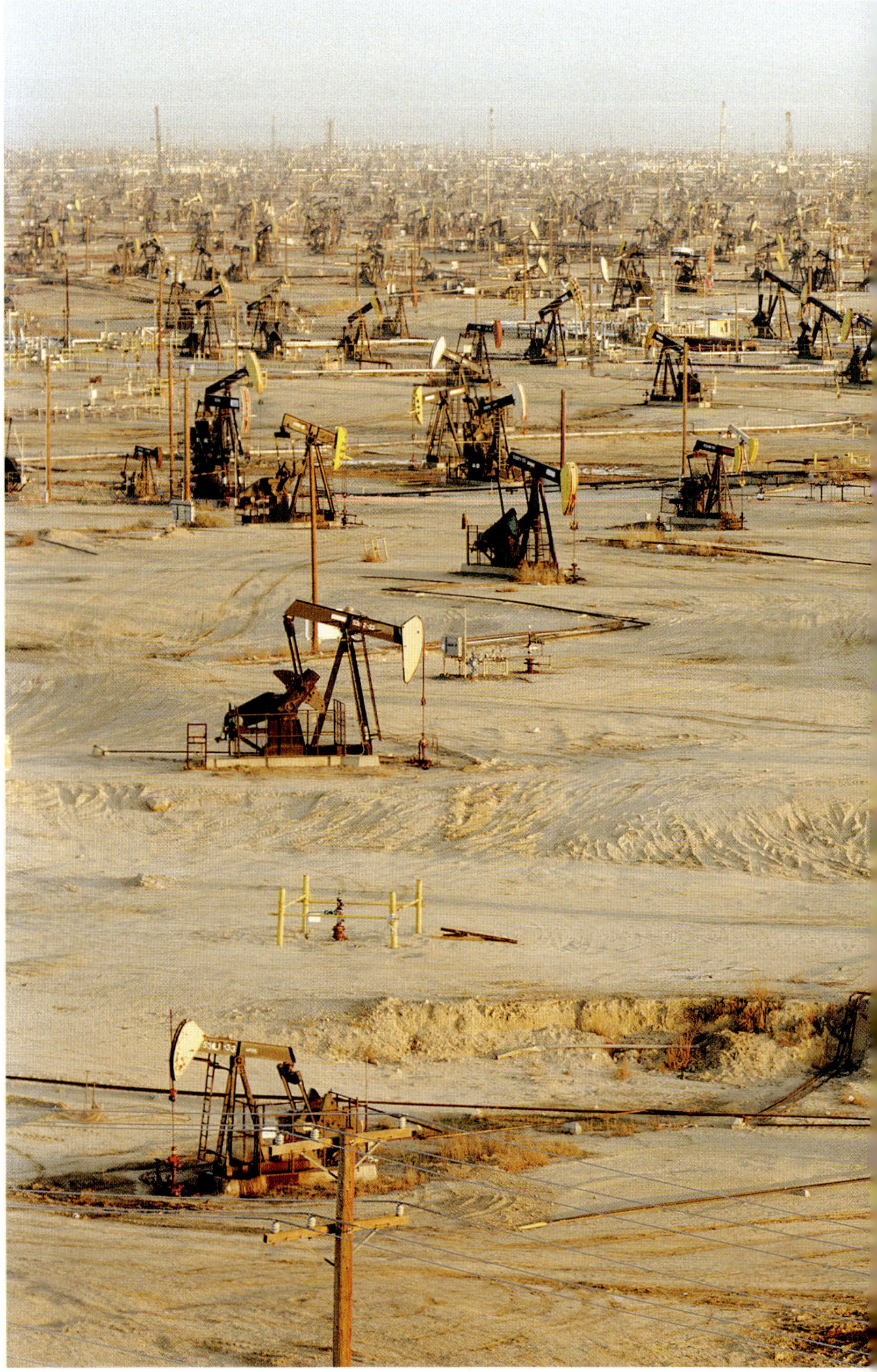

Oil Fields Nº. 1, Belridge, California, 2002

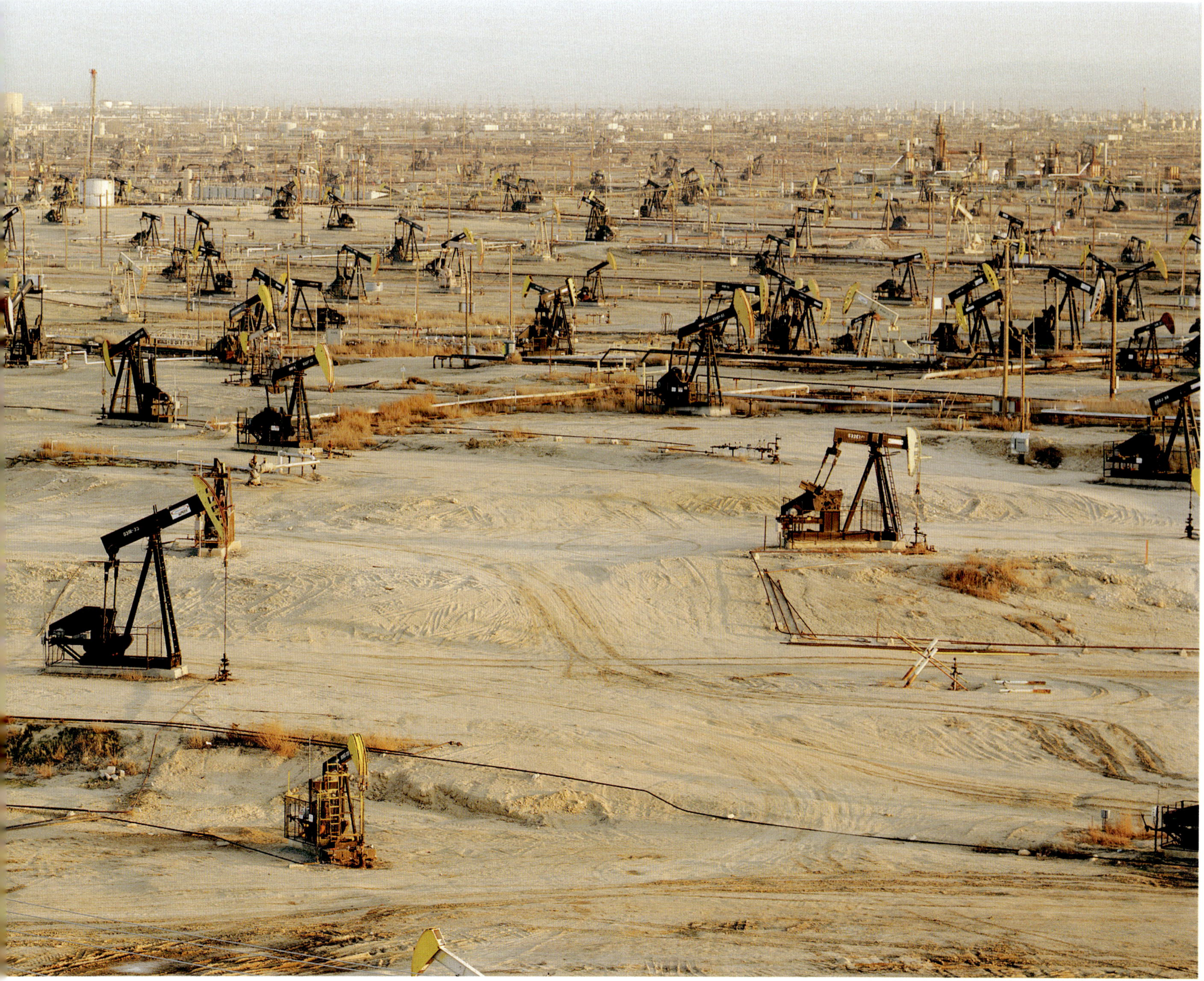

Bao Steel #2, Shangai, 2005

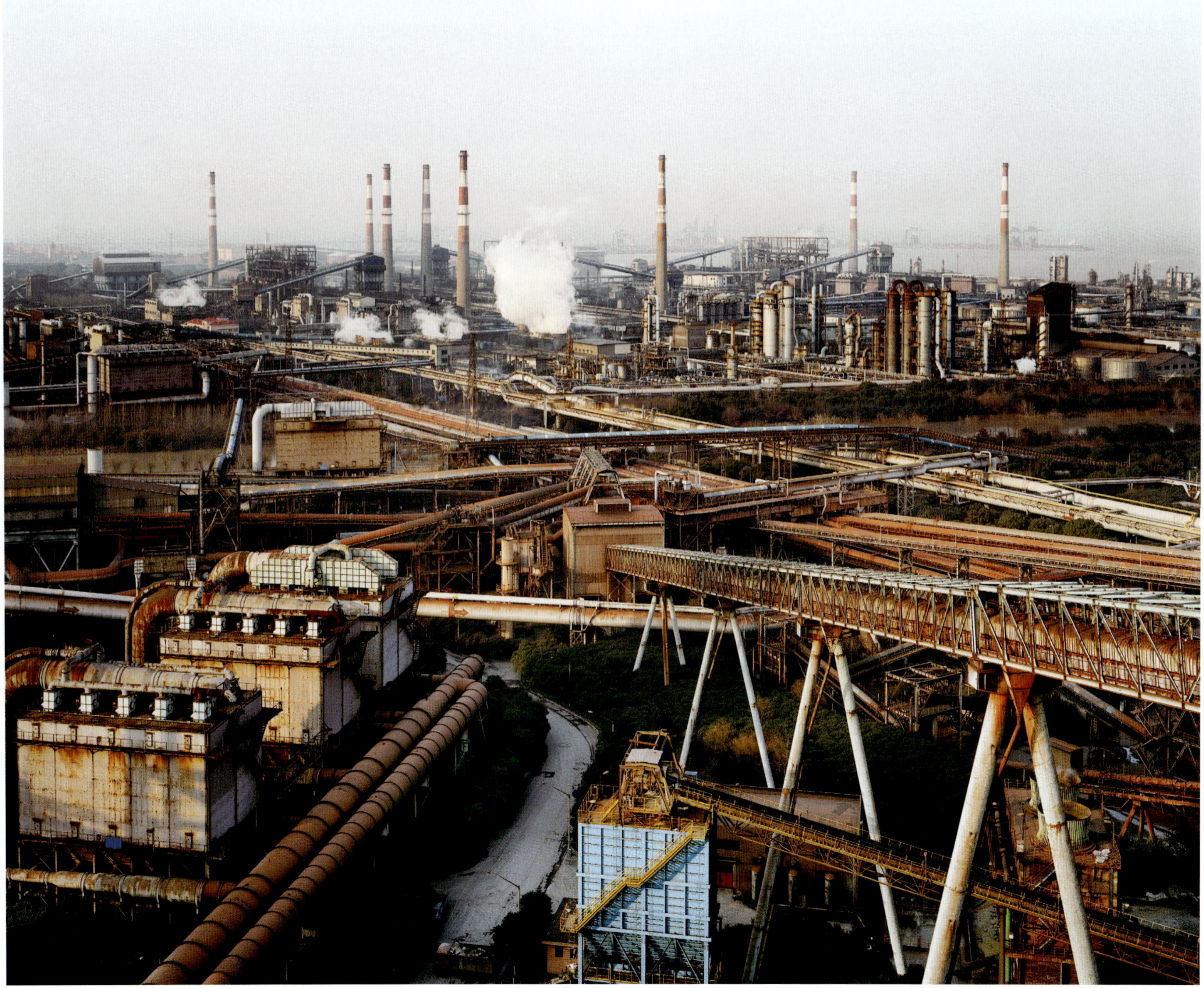

Three Gorges Dam Project, Dam #6, Yangtze River, 2005

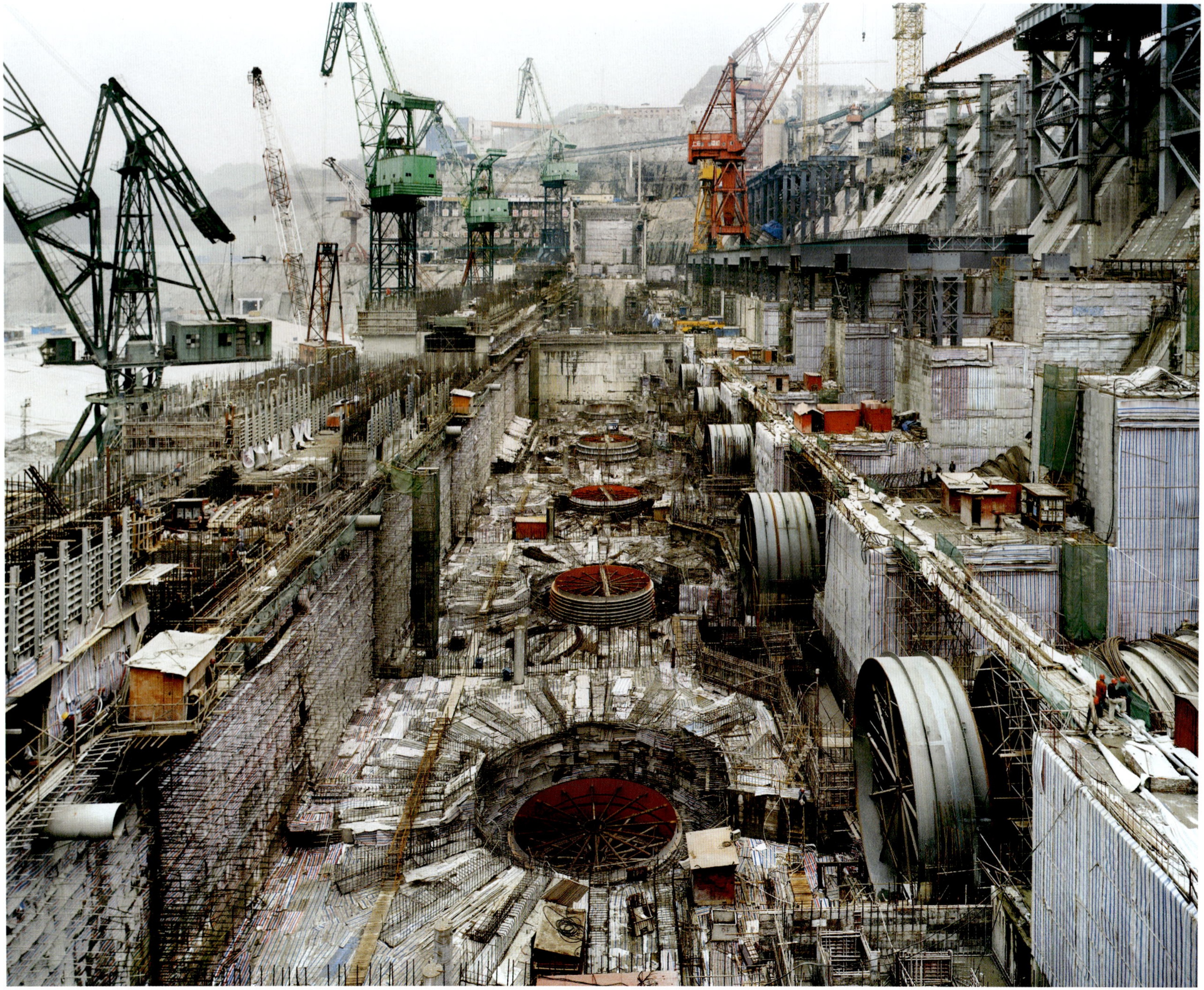

Inco-Abandoned Mine Shaft N°. 13, Crean Hill Mine, Sudbury, Ontario 1984

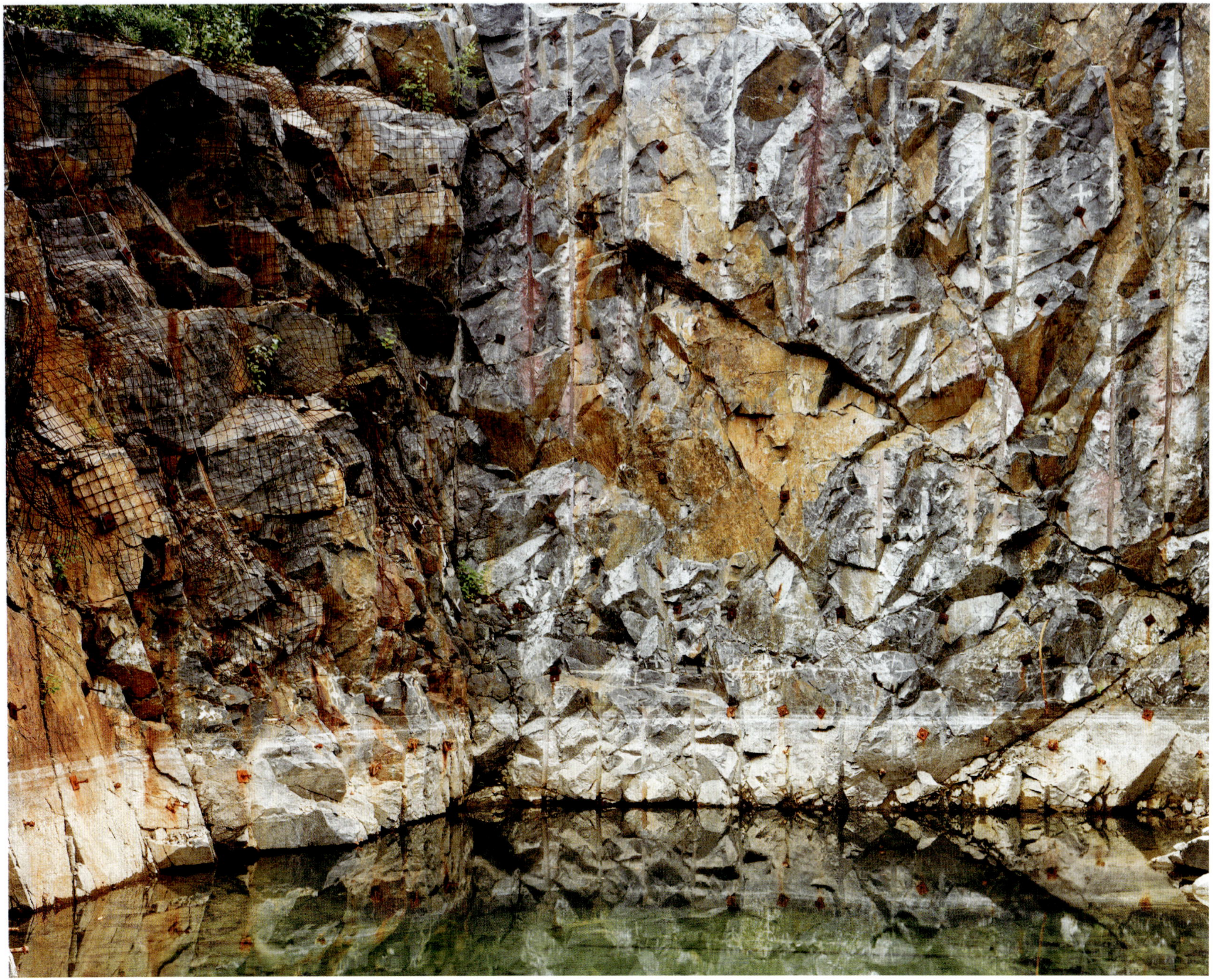

Kennecott Copper Mine Nº. 22, Bingham Valley, Utah 1983

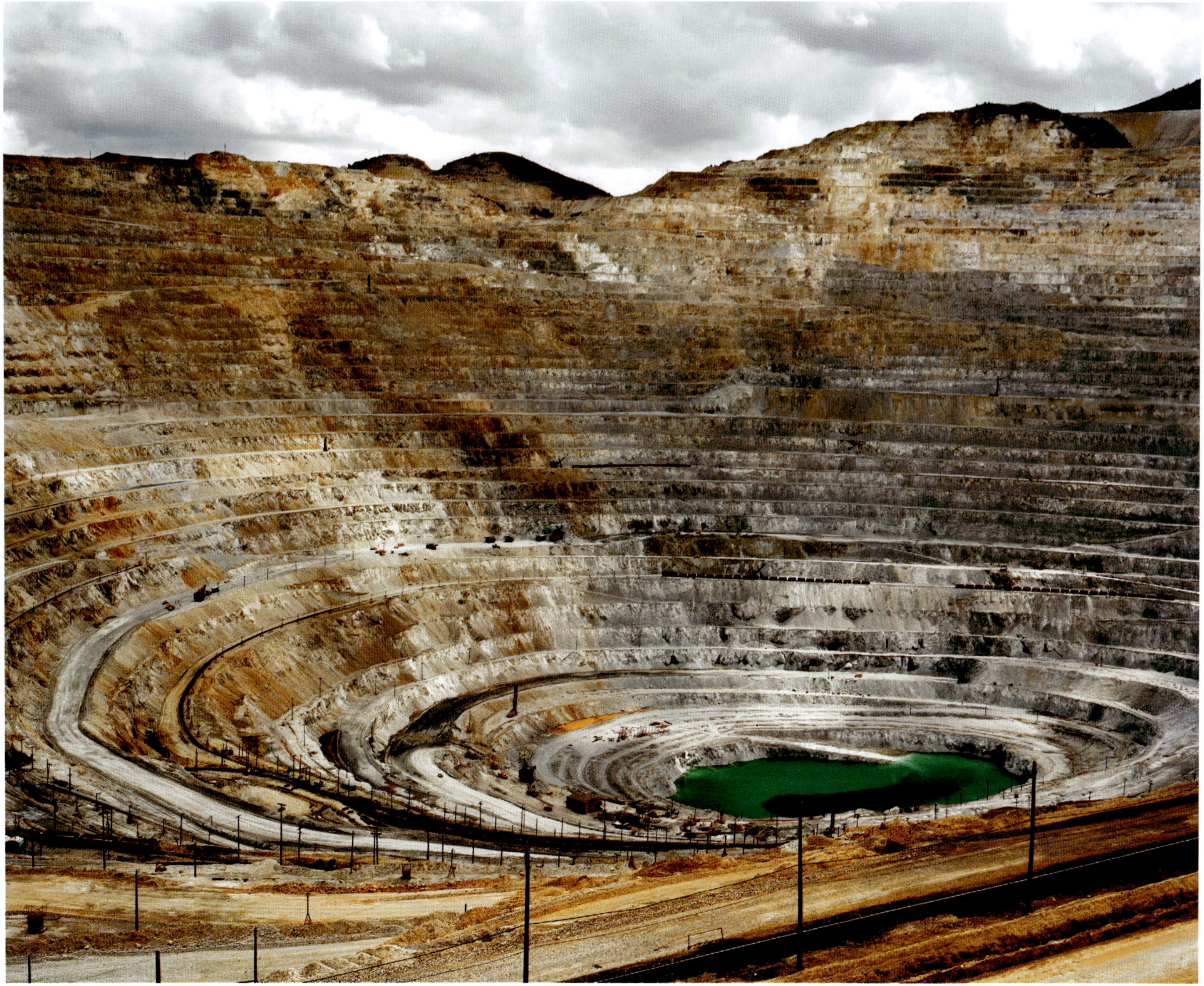

Makrana Marble Quarries N°.11, Rajasthan, India 2000

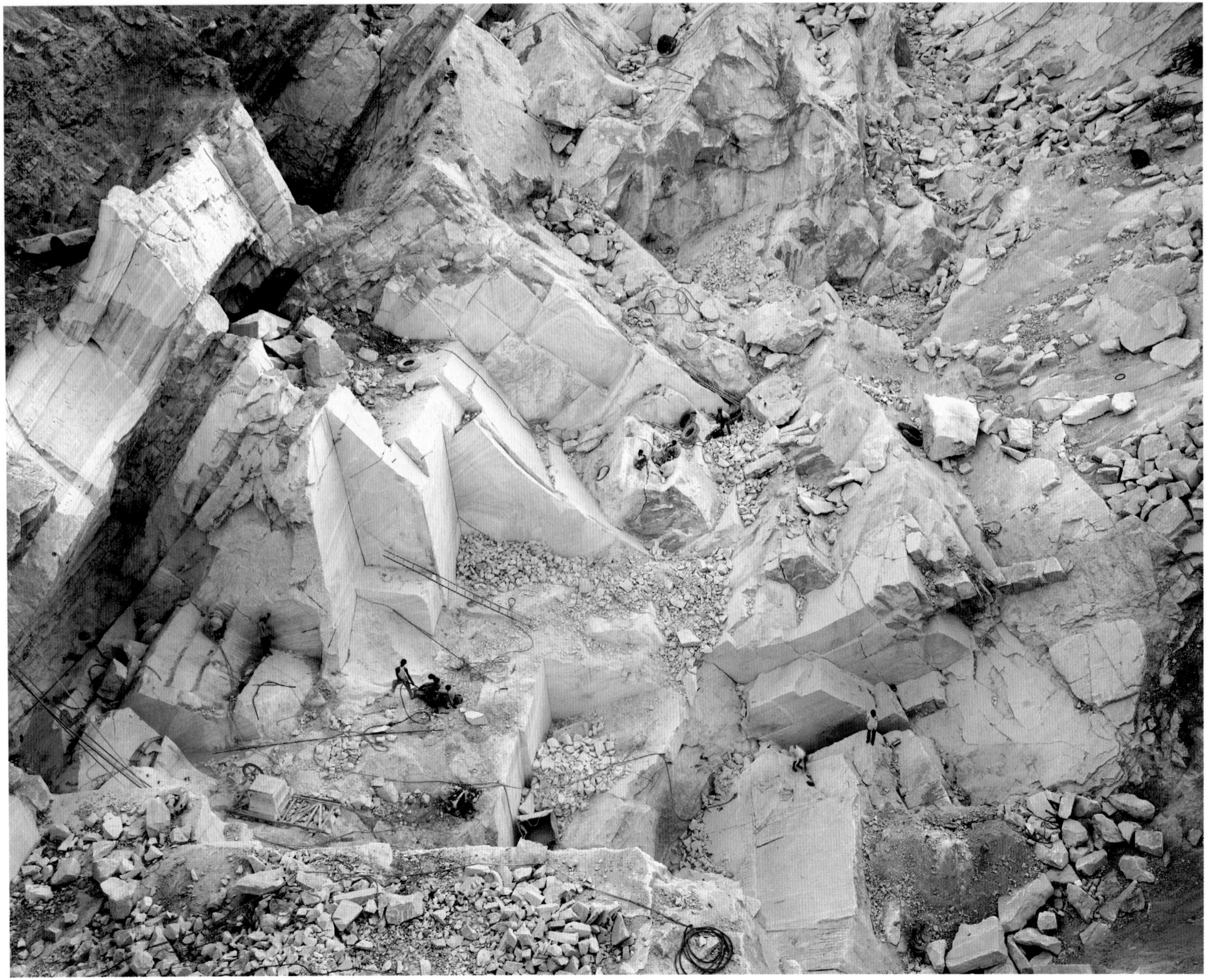

Makrana Marble Quarries Nº.12, Rajasthan, India 2000

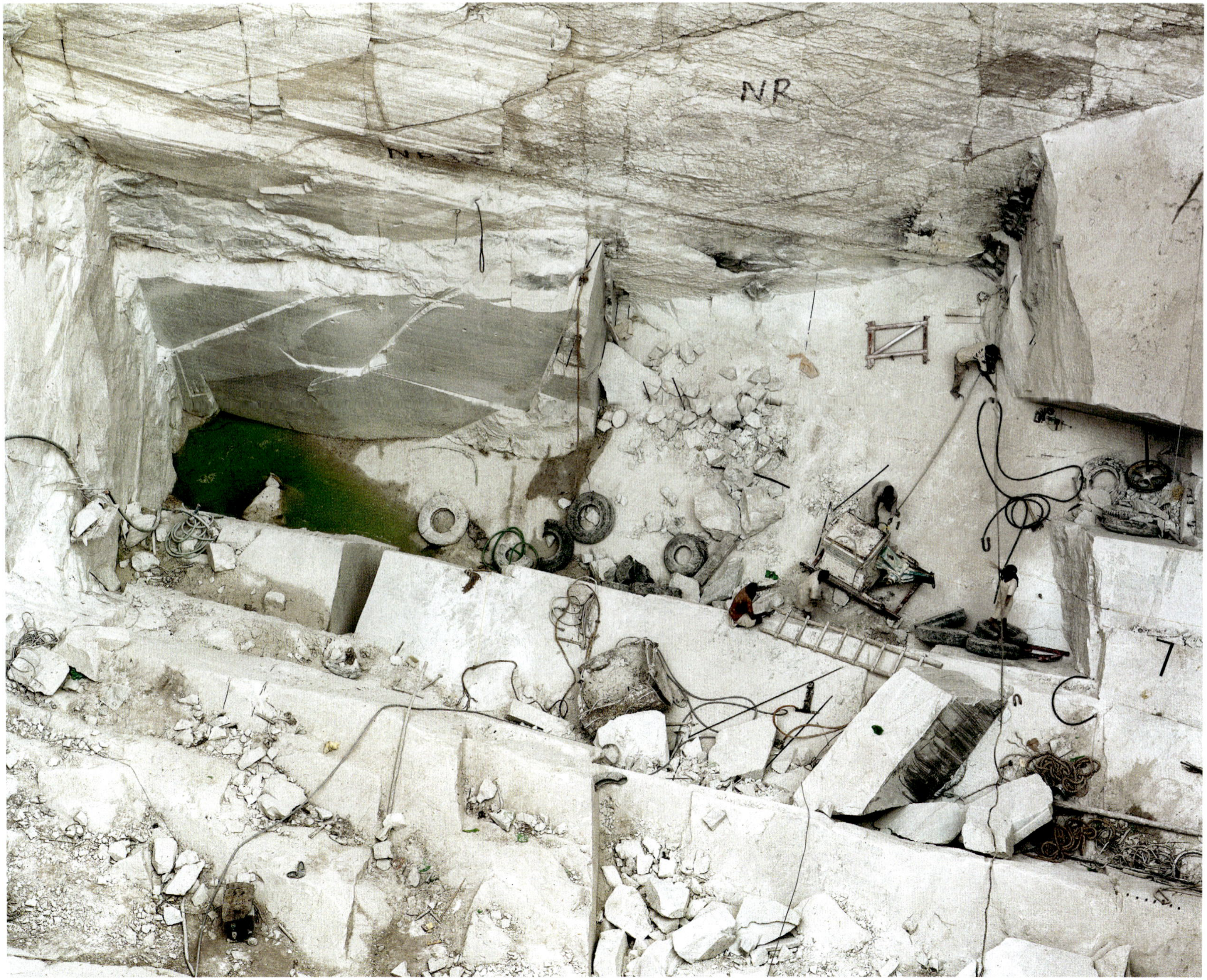
NR

Carrara Marble Quarries N°.24, Carrara, Italy 1993

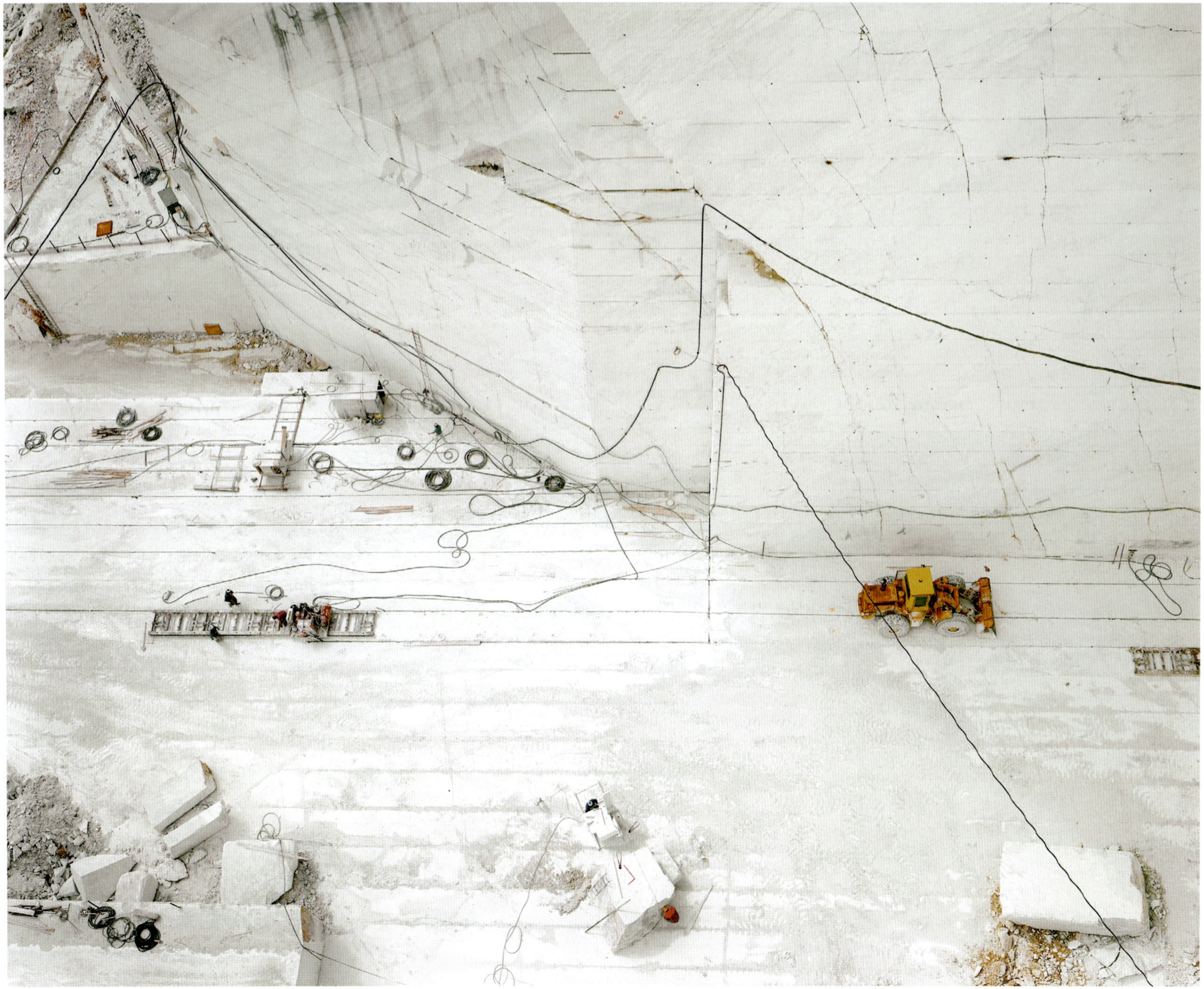

Carrara Marble Quarries Nº.25, Carrara, Italy 1993

Rock of Ages Nº. 1, Active Section, E.L. Smith Quarry, Barre, Vermont 1991. [Pág. 88].
Rock of Ages Nº. 15, Active Section, E.L. Smith Quarry, Barre, Vermont 1992. [Pág. 89].

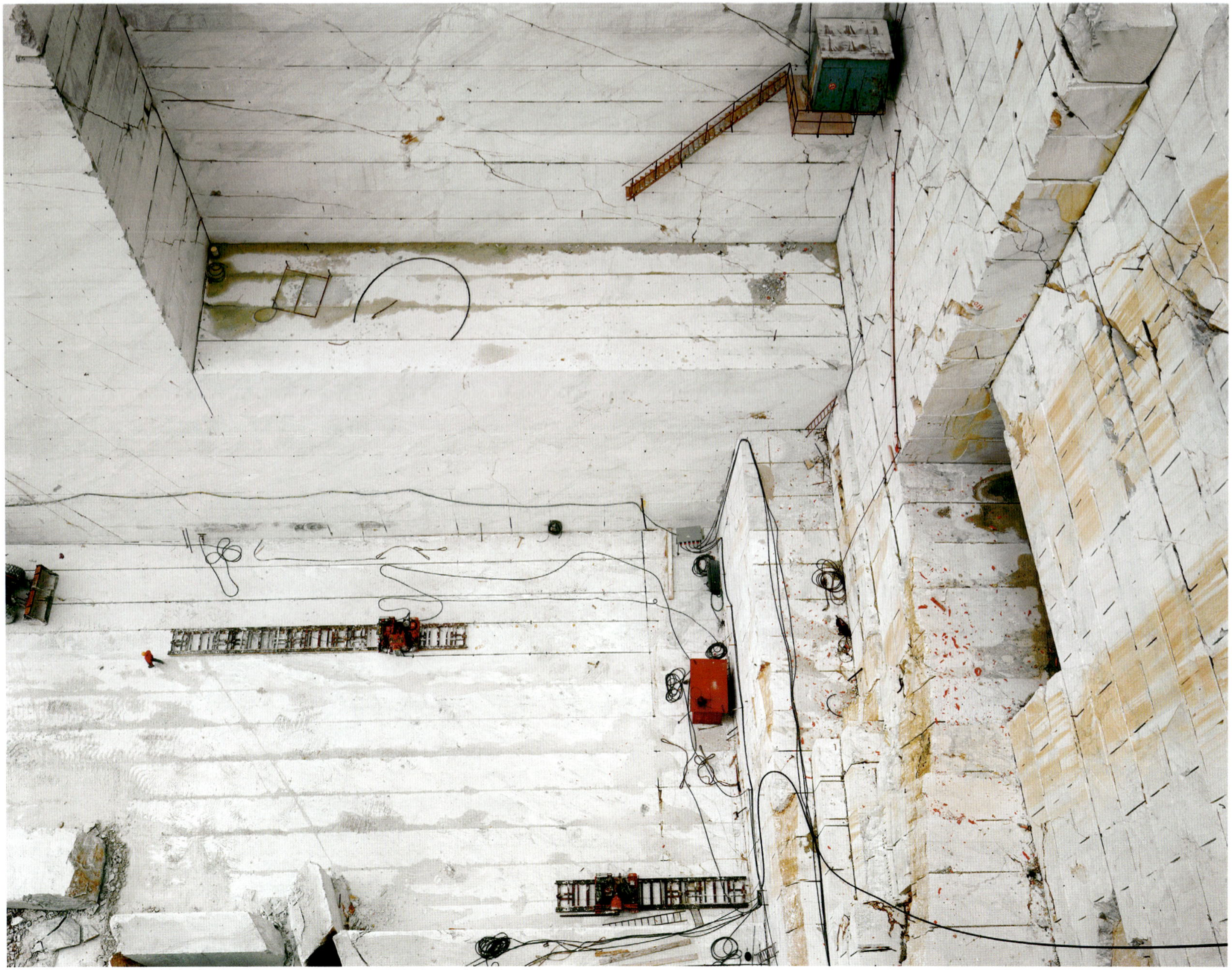

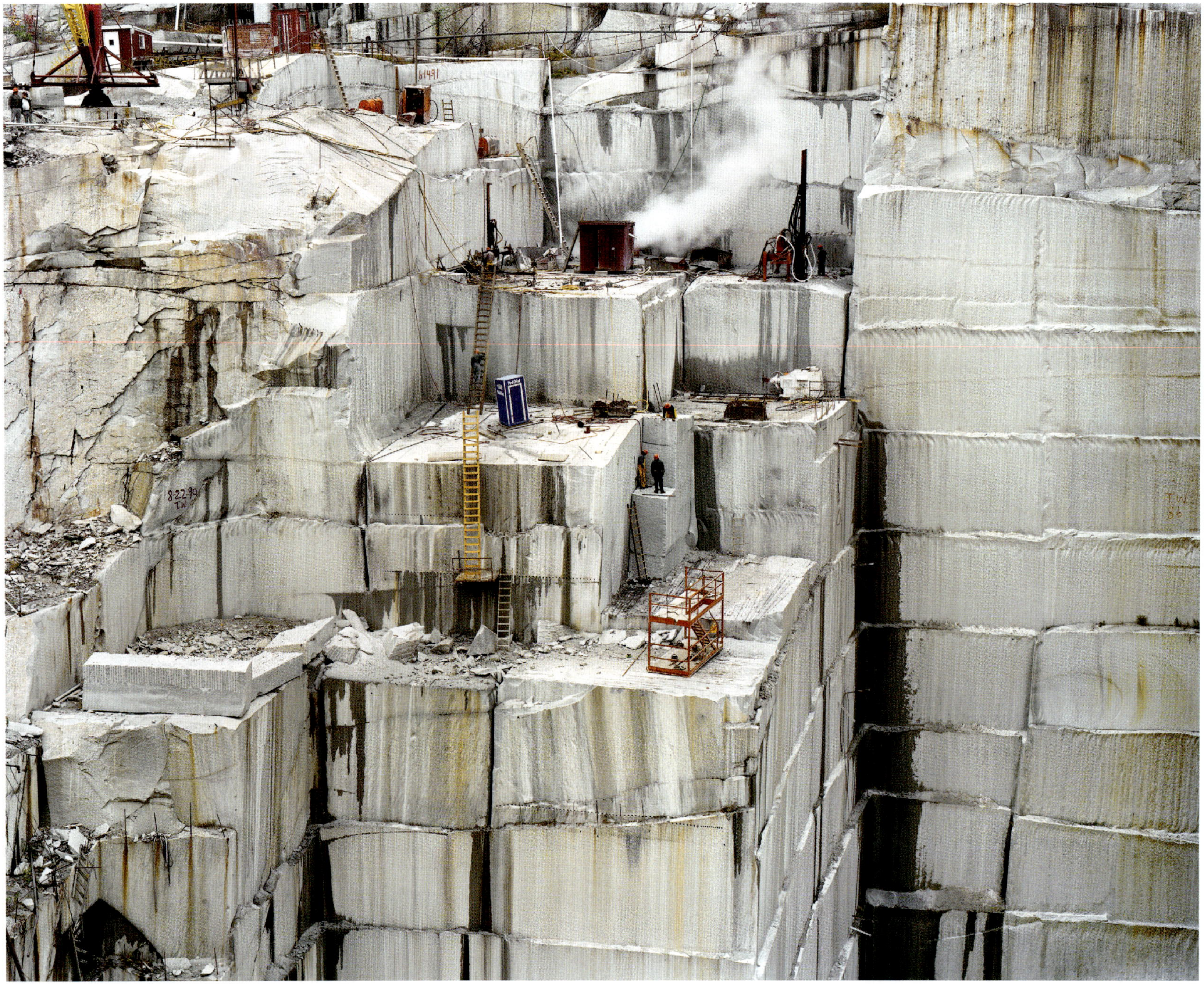

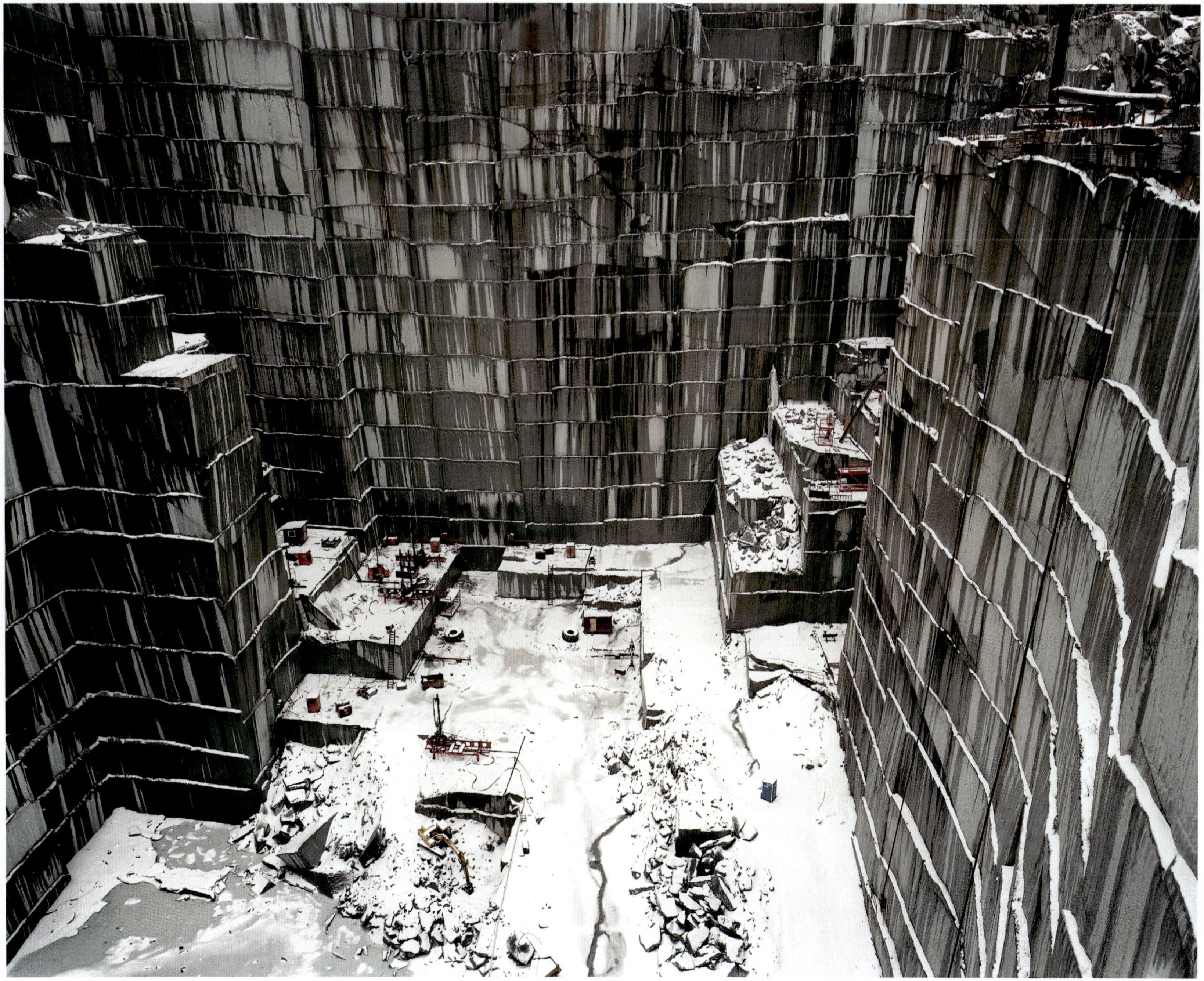

Bao Steel #8, Shangai, 2005

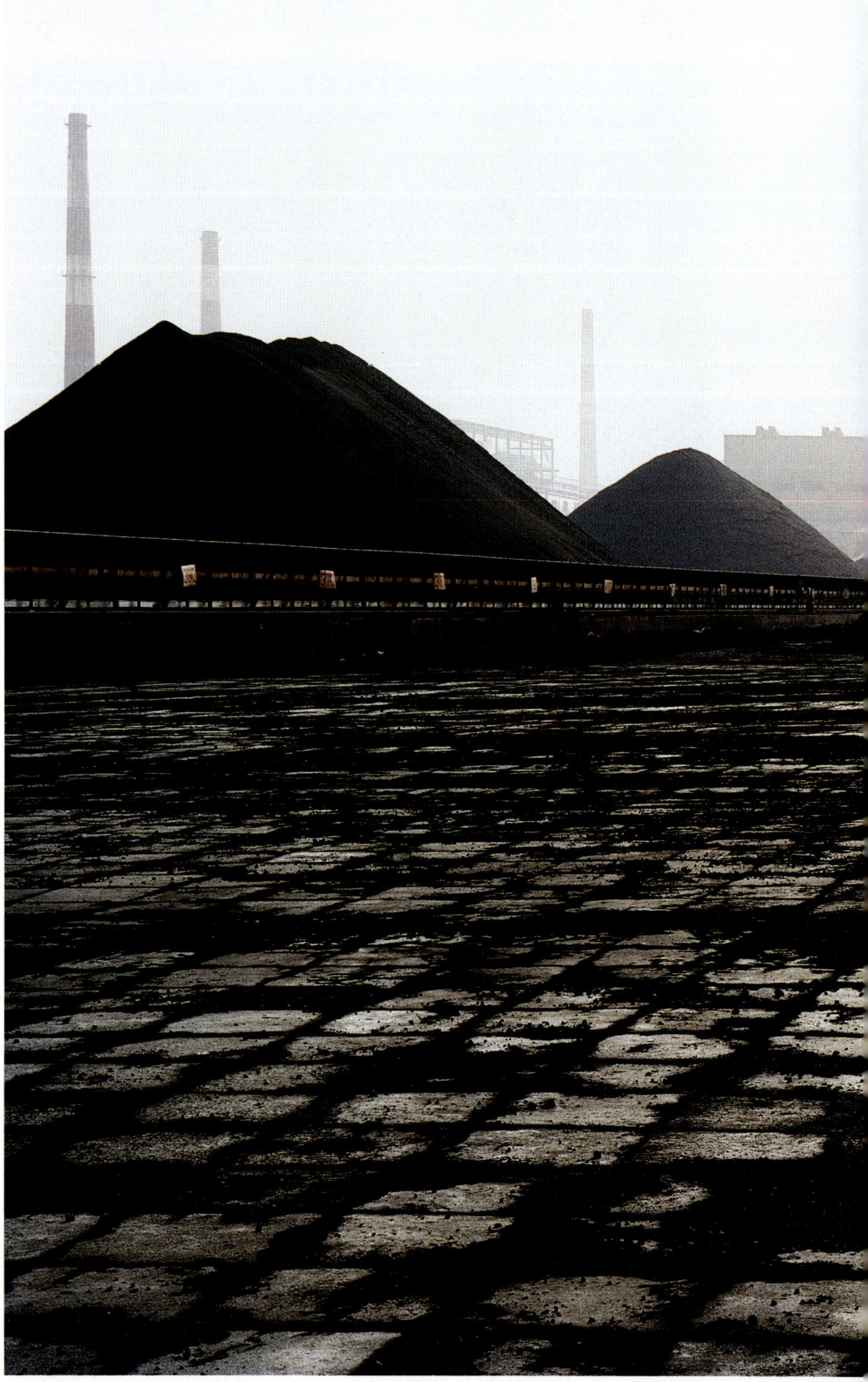

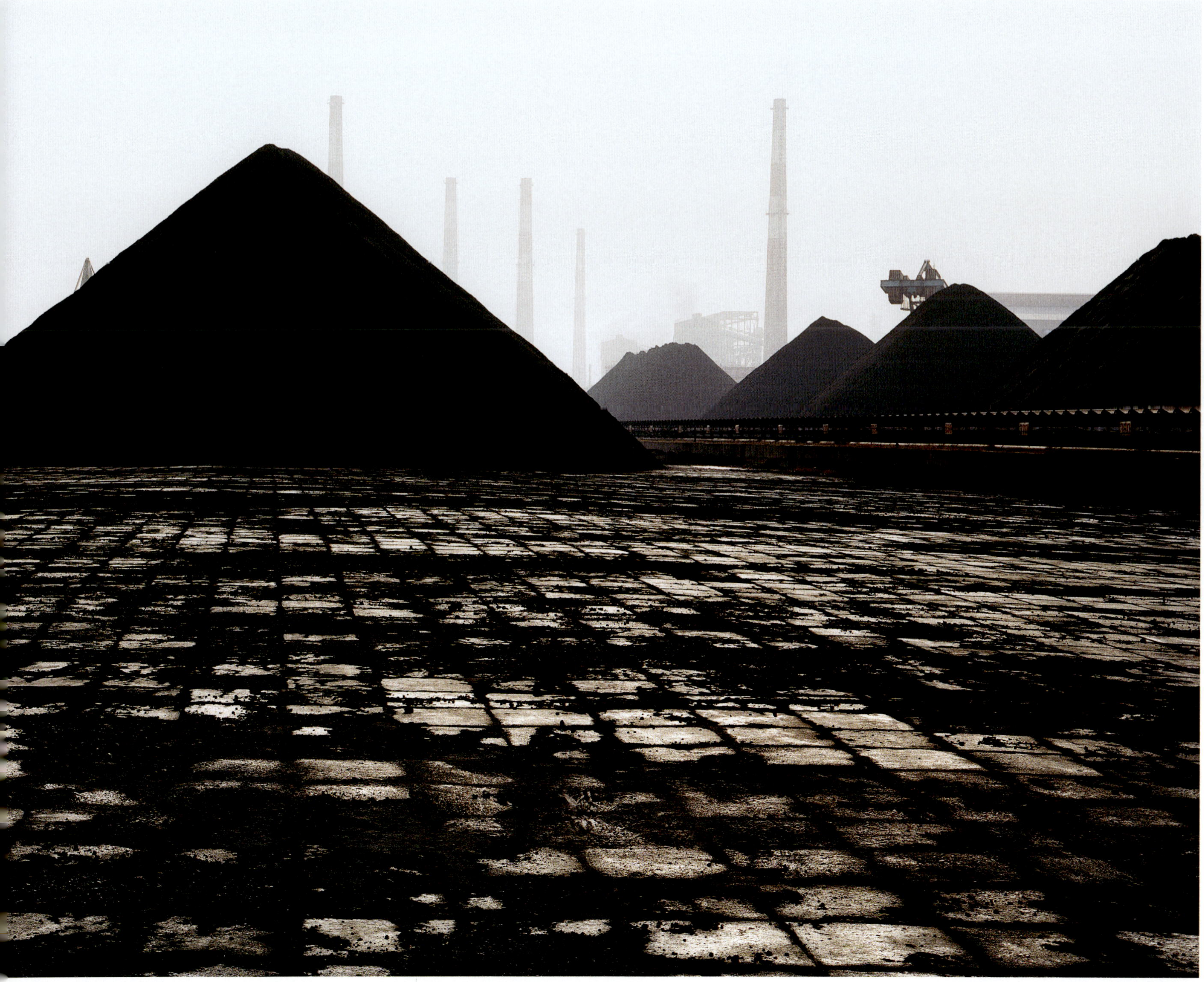

Níkel Tailings No. 30, Sudbury, Ontario 1996

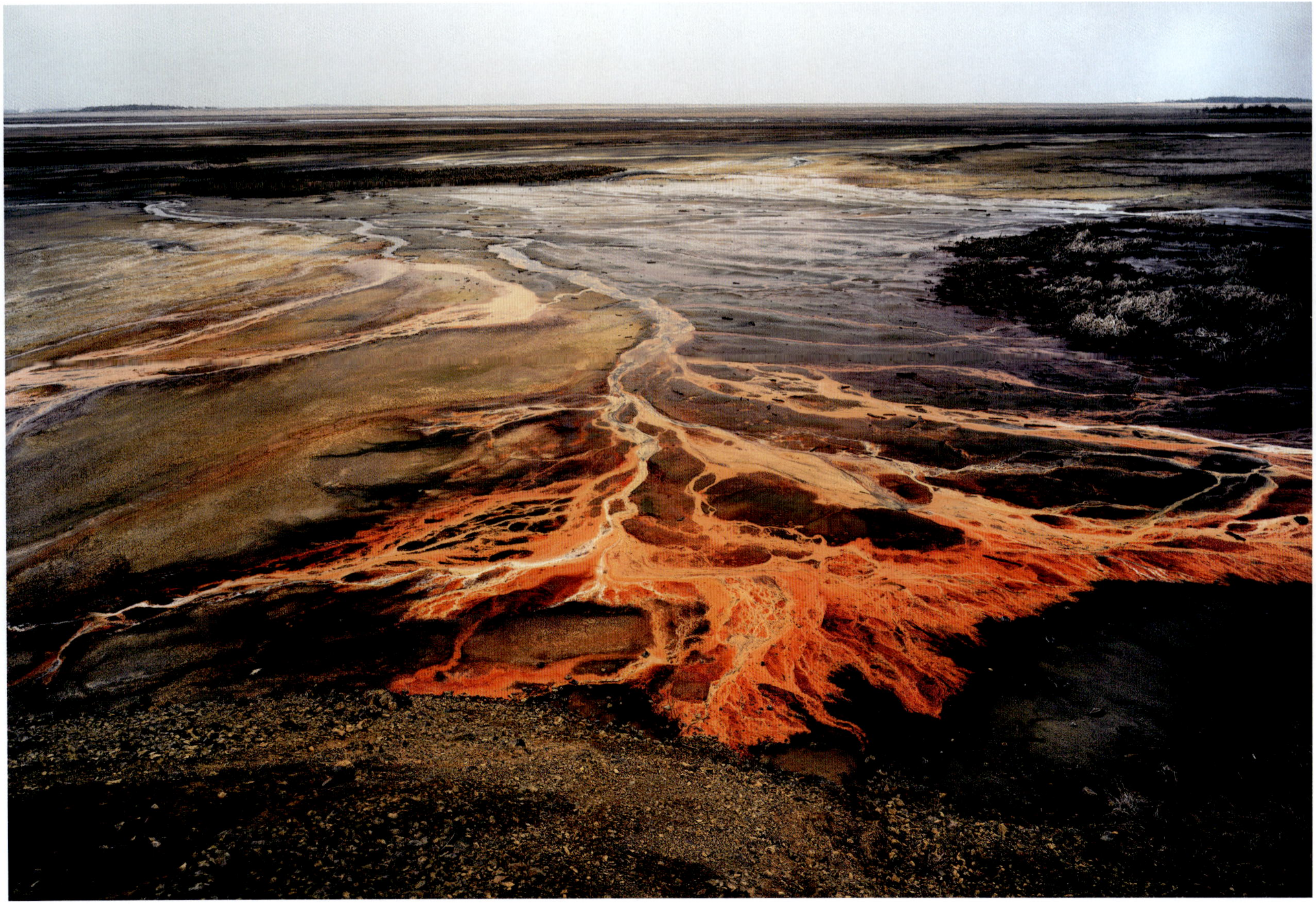

Nikel Tailings No. 31, Sudbury, Ontario 1996

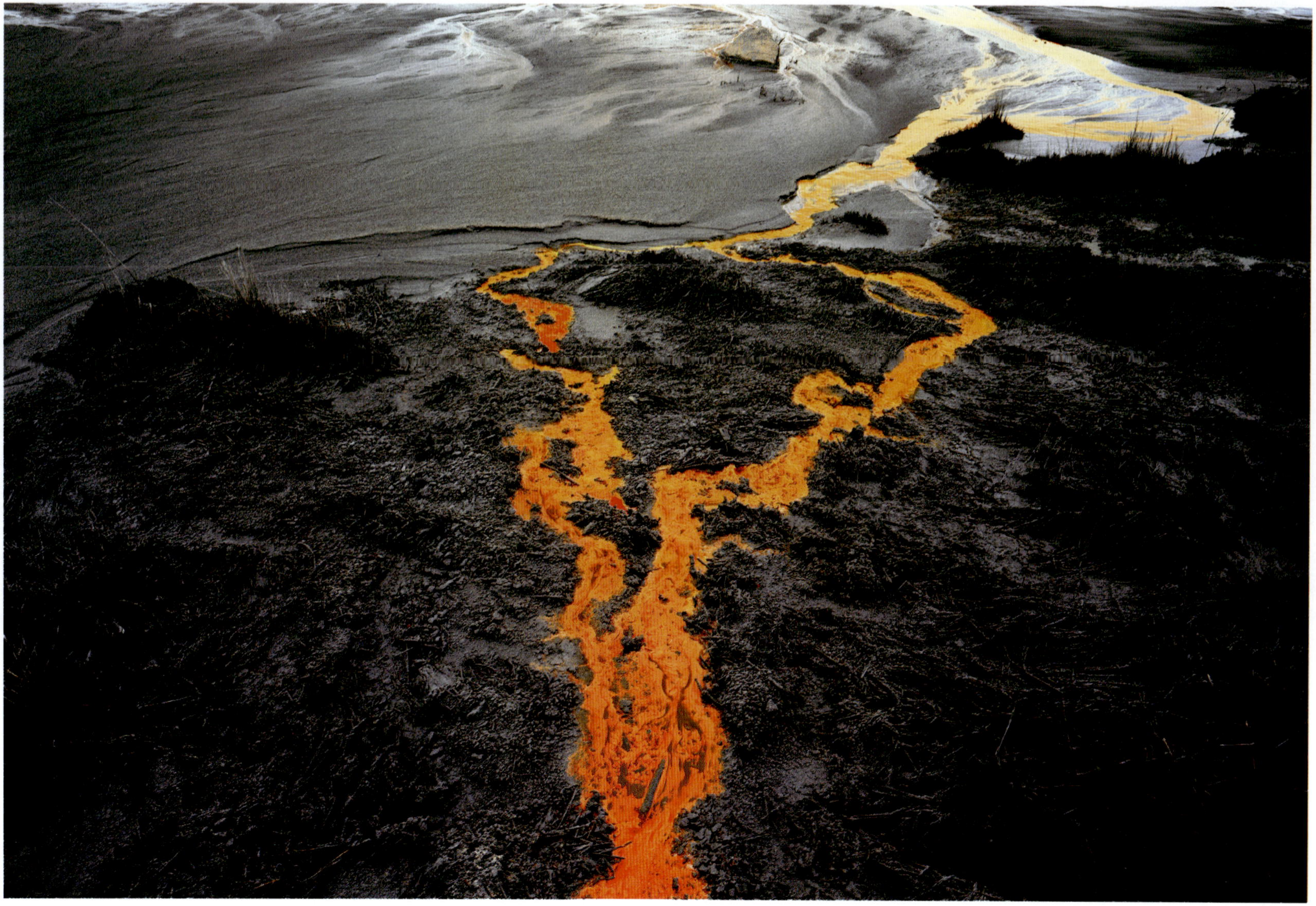

Rinko Kawauchi

Rinko Kawauchi
Entrevista Masakazu Takei

¿Cuándo empezó a estudiar fotografía?

Me apunté a un programa de formación que duraba dos años e incluía una clase semanal de fotografía, que era la que más me gustaba de todas.

¿Tenía en ese momento intención de convertirse en fotógrafo?

No. Fui a la escuela de arte porque pensé que sería divertido recibir clases de arte a diario. Me interesaba aprender dibujo, diseño e imagen. Pero resultó que con lo que más disfrutaba era con la fotografía.

¿Y qué hizo nada más terminar aquella formación?

Conseguí un empleo en una agencia de publicidad y trabajé en el área de fotografía, pero sólo durante un año. Después, estuve como asistente fotográfico en un estudio de Tokio, durante un año y medio aproximadamente. Pasé el primer año fotografiando embalajes y obras de arte. Esa experiencia me enseñó mucho en cuanto a la técnica. Después de esos tres años, decidí empezar mi andadura como fotógrafo independiente.

¿Recibió a partir de entonces más encargos de publicidad o de revistas?

Al principio, de publicidad. Sin embargo, tenía muchos tipos de clientes, incluidas revistas.

Los tres libros que componen la trilogía Utatane, Hanabi *y* Hanako *fueron sus primeras publicaciones. Siendo como era una fotógrafa*

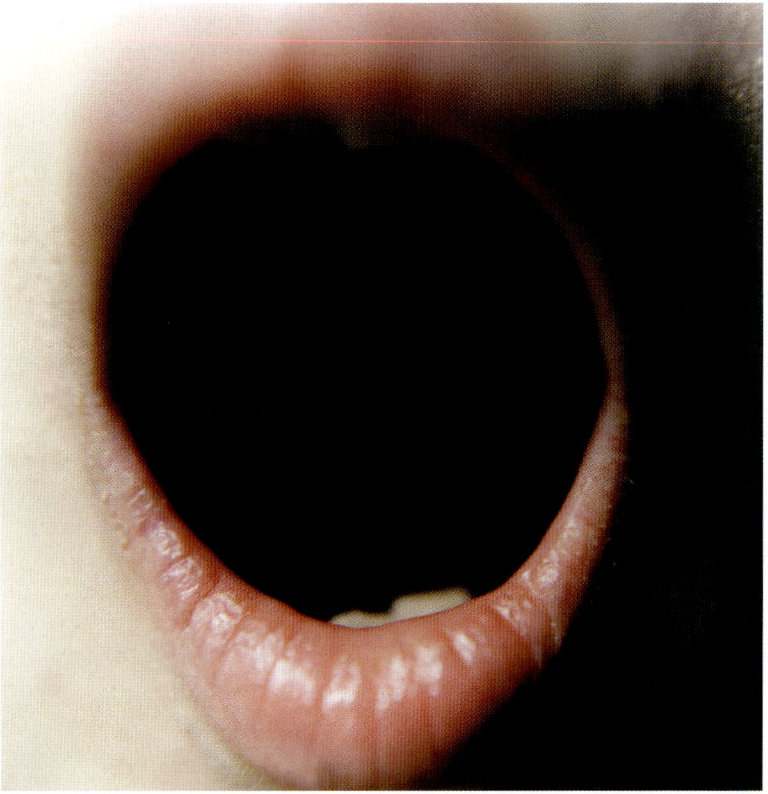

publicitaria independiente, ¿de dónde sacaba el tiempo para proyectos personales como Utatane?

Bueno, a veces les dedicaba el tiempo libre que tenía entre un encargo y otro. Otras veces, fotografiaba lo que me llamaba la atención mientras trabajaba en publicidad. Siempre llevaba una cámara encima, por si acaso.

¿Diría que tiene un planteamiento fotográfico distinto cuando se trata de proyectos personales?

Me he hecho esa misma pregunta con frecuencia. Cuando hago fotos, mi enfoque es siempre el mismo. Sin embargo, a la hora de hacer la selección y de juntar las imágenes, tengo muy en cuenta dónde y cómo se van a mostrar. En lo que respecta a la publicidad, a veces he de fotografiar composiciones que ya están montadas en un estudio, tal vez ésa sea una de las diferencias con respecto a mi obra. Cuando trabajo por encargo, lo hago con una intención mucho más clara. Pero aunque se trate de publicidad, siempre busco las mismas sensaciones y emociones.

Cuando está haciendo las fotografías, ¿sigue un plan preestablecido?

Depende de la serie. Por lo general, tengo en mente un libro potencial. En el caso de *Utatane*, fotografié cosas que me emocionaban. Con *Hanabi*, tenía una idea muy clara. Averigüé en qué lugares y momentos había espectáculos de fuegos artificiales estivales en Japón. Quería captarlos desde distintos ángulos. Suelo tomar las fotos con un proyecto en la cabeza: una vista desde la habitación de un hotel, desde la autopista. Y después, me centro en el diseño del libro.

¿En qué piensa cuando hace las fotos?
Básicamente, procuro no pensar en nada.

¿Como esos atletas que son capaces de mover sus cuerpos sin pensar?
A veces, cuando hago una fotografía, estoy pensando, pero las mejores son las que capto cuando no lo estoy haciendo, cuando tengo la mente vacía. Cuando estoy intensamente concentrada y no siento nada. Creo que es parecido a la llamada «euforia del corredor».

¿Tiene la misma sensación cuando monta las series?
Cuando hago la copia, siempre pienso cómo montaré la serie, en esa fase mi cerebro y mi cuerpo trabajan al unísono. A veces paso un mal rato intentando encontrar una idea, y después de varios días imprimiendo y reflexionando, me viene de improviso.

Todo el mundo comenta que tiene una forma única de plasmar la luz. ¿Qué opina usted de eso?
No lo hago conscientemente.

¿En sus fotografías, opta en ocasiones deliberadamente por un contre-jour*?*
Para mí, la luz y la atmósfera son muy importantes. Cuando fotografío en *contre-jour*, lo que estoy tratando de plasmar es el alma o el aura de un sujeto y no tanto al sujeto en sí… Supongo que será por eso por lo que la gente dice que uso la luz de un modo único.

Usted suele abordar temáticas universales, como la vida y la muerte. Esos temas ¿son de especial importancia para usted?
No necesariamente los tengo en mente a la hora de disparar. Surgen en el momento de seleccionar las copias, cuando monto las series. Esa parte del proceso es de vital importancia para mí, tanto como la toma de las fotografías en sí. Es la etapa en la que miro las obras con objetividad y tranquilidad.

¿Alguna vez, al disparar, siente que ha hecho una fotografía estupenda? ¿Y en el proceso de pasar a papel las fotografías, se ha sorprendido alguna vez de lo que ha descubierto, a posteriori, en una imagen?
Me encanta cuando hallo algo extraordinario en una foto al pasarla a papel. Siempre hay momentos en los que me sorprende ver algo que no esperaba encontrar.

Cuando una fotografía ya está en papel, ¿la vuelve a estudiar y decide cómo la incluirá en una serie de imágenes? De ser así, podríamos hablar de edición fotográfica.
A veces siento que sería mejor no hacerlo de ese modo. Si uno reflexiona demasiado sobre qué imágenes seleccionar y cómo disponer la serie, el resultado puede pecar de excesivamente estructurado y tener una composición artificial. Siempre me resulta difícil tener buen criterio durante ese proceso.

¿En qué se diferencian los libros fotográficos y las exposiciones?

La mayor diferencia es que los libros se pueden sostener en las manos. Eso significa que permiten apreciar la obra con un nivel de intimidad mayor. Las exposiciones se ven en cajas blancas. Cuando dispones las fotografías para un libro, debes ser consciente de que se verán de un modo secuencial, girando páginas. Pero en una exposición, lo que cuenta es el espacio y la forma en que está estructurado. Eso implica dos maneras muy distintas de ver las imágenes.

En sus exposiciones, a menudo presenta una selección de fotografías en una sala que recuerda a una pequeña caja.

Siempre que puedo, me gusta que la gente las vea en un espacio reducido. De este modo, el público está más cerca de la obra.

Entonces, la experiencia se vuelve similar a la de ver las fotografías en un libro.

Hasta hace poco, me he centrado sobre todo en publicar. Es probable que ésa sea la razón por la que me gusta que la gente vea mis fotografías de cerca. Aunque sé que el hecho de mostrarlas en un espacio más grande tiene muchas ventajas, sigo creyendo que mi obra es más indicada para espacios pequeños. De ahí que siempre me asegure de que haya una sala pequeña en la que se pueda apreciar el trabajo con un mayor grado de intimidad. La sala que preparé para la exposición de la Art Tower Mito se llamaba «confesionario»; me parece una buena descripción.

Era como una iglesia.

Producía ese efecto por la altura del techo y la forma en que se filtraban los rayos del sol. Cuando tomo las fotografías, me gusta hacerlo en esa clase de atmósfera. Quiero crear espacios tranquilos e íntimos en los que el espectador pueda estar a solas y escuchar su voz interior mientras contempla mis piezas.

¿Qué intereses tenía siendo niña?

No era una niña demasiado alegre, era bastante melancólica. No me gustaba ir al colegio. Siempre estaba leyendo algún libro, aunque no eran lecturas serias, más bien cuentos de hadas, libros infantiles ilustrados, novelas para chicas y autores internacionales.

¿Le gusta leer?

Me gustan los libros. Aunque no entienda el contenido, me encanta tenerlos. Adoro las bibliotecas. Como en la de mi colegio no había demasiados libros, solía ir en bicicleta a la municipal, en Tsurumi Ward (Osaka). Me encanta estar en una biblioteca.

De niña, ¿miró algún libro de fotografía?

Sí. Cuando estaba en primaria, vi *American Roulette* de Shinya Fujiwara. No comprendía por qué le había puesto ese título a un libro de fotografías de Estados Unidos. Traté de leer el epílogo, pero era demasiado difícil para mí. También vi su publicación *Memento-Mori*, así como *17 Years Old* y *Couple*, de Joji Hashiguchi. También me llamaban la atención las fotografías de animales de los libros de fauna. Recuerdo que los textos de *Couple* me sorprendieron mucho. Hasta llegué a leer a Osamu Hashimoto y a Seiko Tanabe. Una vez, una joven bibliotecaria me dijo que era demasiado pequeña para aquellas obras. No le hice caso y seguí cogiéndolas, aunque no siempre las entendía.

¿Qué fotógrafos respeta más?

En Japón, podría citar a Kyoji Takahashi, Toyohisa Araki, Daido Moriyama y Takuma Nakahira. Entre los europeos, destacaría a Boris Mikhailov. También me gusta Wolfgang Tillmans. Pero, por norma, respeto la obra de todos los fotógrafos.

¿Hay alguien que le haya influido?

Aunque son bastantes, Banana Yoshimoto me ha influido mucho en el aspecto espiritual. También Satoru Sato, un gran ilustrador de libros infantiles.

En el extranjero, a los jóvenes artistas les resulta muy difícil publicar su obra antes de haber expuesto sus fotografías, pero en Japón, pueden editarla con relativa facilidad. ¿Qué opinión le merece esa diferencia de oportunidades?

Los libros han sido un objetivo prioritario para mí. Más que montar una exposición. Incluso en los casos en los que sabía que no iba a publicar una obra, no la consideraba terminada hasta que la tenía organizada como un porfolio. Antes de publicar por primera vez, ya confeccionaba artesanalmente libros con mis fotos cada año y medio, más o menos. Consideraba de suma importancia dar unidad a mi obra en series antes de pasar a la siguiente etapa. Para mí, una exposición es un premio, no un objetivo en sí mismo. Creo que si no pudiese publicar mi trabajo, seguiría haciendo libros por mi cuenta. Para mí, mostrarlo en forma de libro es mucho más esencial que enseñar la fotografía en sí misma.

Usted ha editado tres libros simultáneamente en Japón. ¿Ha cambiado en algo su situación a raíz de esto?

Mi vida ha cambiado por completo. Ahora me valoran plenamente como artista. En Japón, no te reconocen como tal hasta que publicas algo. Dan más importancia a las publicaciones que a las exposiciones. En el proceso de selección del premio anual Kimura Ihei, lo que tienen en cuenta son las publicaciones.

En esta exposición, habrá imágenes de Aila, The Eyes, the Ears *y* Cui, cui. *¿Qué significa cada uno de esos títulos?*

Aila es una palabra turca que significa «gran familia» o también, en un sentido más genérico, «relaciones». *The Eyes, the Ears* habla de lo que podemos captar con los cinco sentidos, no sólo de lo que ven los ojos, sino de lo que oyen las orejas y lo que toca la piel.

*¿*The Eyes, the Ears *es su primer intento de unir sus fotografías y sus poemas?*

Organizar las imágenes fue sencillo porque suelo prestar atención a mi voz interior al hacerlo. Había recibido muchas ofertas de varias revistas para que escribiese algo, pero siempre había sido reticente a poner palabras a mis fotografías. Intenté expresar mi voz interior también a través de mis poemas, como hago con ellas. En todo caso, hacer cosas de un modo distinto supuso todo un reto.

La serie de Aila *no sólo aborda temas como el nacimiento y la muerte, también hay escenas de la vida cotidiana. ¿Por qué las incluyó?*

Si no lo hubiese hecho, la serie hubiera quedado al margen de la realidad. Las introduje para que la realidad diaria fuese más tangible. Eso le dio mayor interés.

¿Por qué eligió Cui, cui *como título?*

Como ya sabía que se expondría en Francia, consulté un diccionario de esa lengua. Había una entrada que explicaba las diferencias en la forma de nombrar el piar de los pájaros. En japonés usamos *chun, chun* y en francés, *cui, cui*, entre otros. *Cui, cui* me pareció muy entrañable, y el sonido *chun, chun* era demasiado cercano para mí. Y como es un libro de fotografías sobre mi familia, no quería que el título tuviese un significado demasiado grave. Así que me pareció que *Cui, cui* era a un tiempo exótico y adecuado.

¿Cuánto tiempo lleva haciéndole fotografías a su familia?

Diez años. En realidad, es una familia bastante normal. En todas hay dramas, pero no quería que *Cui, cui* se centrara en ese aspecto. No señala nada especialmente dramático. Quería tratar hechos que puedan pasar en cualquier familia. De ahí que intentase evitar las peculiaridades específicas de la mía. Para mí, estas cosas son tan pequeñas e insignificantes como el piar de un gorrión. La gente se muere, se casa, se separa… Espero que después de ver mi obra, empezarán a ver de otro modo sus propias familias. Pero me costó mucho montar las series.

¿Qué fue lo que le costó?

Intentaba ser objetiva, pero era muy complicado porque las imágenes tenían que ver con mi propia familia. Sentí que para que aquello fuese digno de exhibirse y publicarse, tenía que ser algo más que un álbum de familia personal. Quería crear un libro en el que la gente viese reflejadas sus propias relaciones familiares. Y, en sentido más general, que mi obra sirviese de catalizador para que pensase sobre sí misma y su relación con el mundo.

Hay muchos fotógrafos que trabajan con el formato 6 x 6. ¿Hay alguna razón para ello? ¿Qué tipo de cámara utiliza usted?

Yo uso una Rolleiflex bifocal de formato 6 x 6.

¿Utiliza alguna otra?

Una Hasselblad de 6 x 6, una Canon A1 y una F1 de vez en cuando. También he usado una Kyocera T-Proof, una cámara compacta y una Panon Widelux, que es panorámica. Y, a partir de ahora, quiero emplear un formato de 4 x 5.

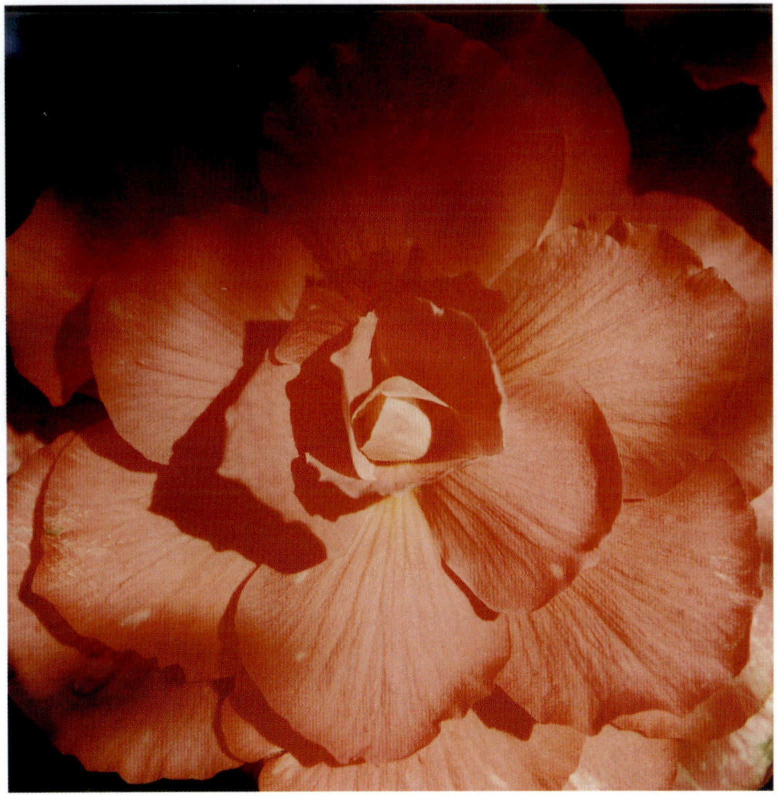

¿Cambia de equipo cuando termina un encargo de publicidad y emprende un proyecto personal?

Rara vez lo hago. Suelo tomar la decisión sobre la marcha. Pero no cambio el equipo. Cuando voy a trabajar en exteriores, la gente siempre se sorprende de verme llegar tan poco cargada. La primera vez que llevé un maletín fue hace un año o poco más. Solía guardarlo todo en una funda pequeña y una mochila. Y en lo que respecta al trípode, tengo uno muy pequeño.

Tengo entendido que, a partir de ahora, va a hacer cada vez más exposiciones en el extranjero. ¿Cómo le hace sentir esto?

Agradezco mucho que me brinden tantas oportunidades. Como ya le he explicado, para mí son como premios. Siento que soy muy afortunada por el hecho de que tanta gente vaya a ver mi obra. Me gustaría preparar a fondo cada exposición y ser útil.

IMÁGENES. De la serie *Aila*, 2004

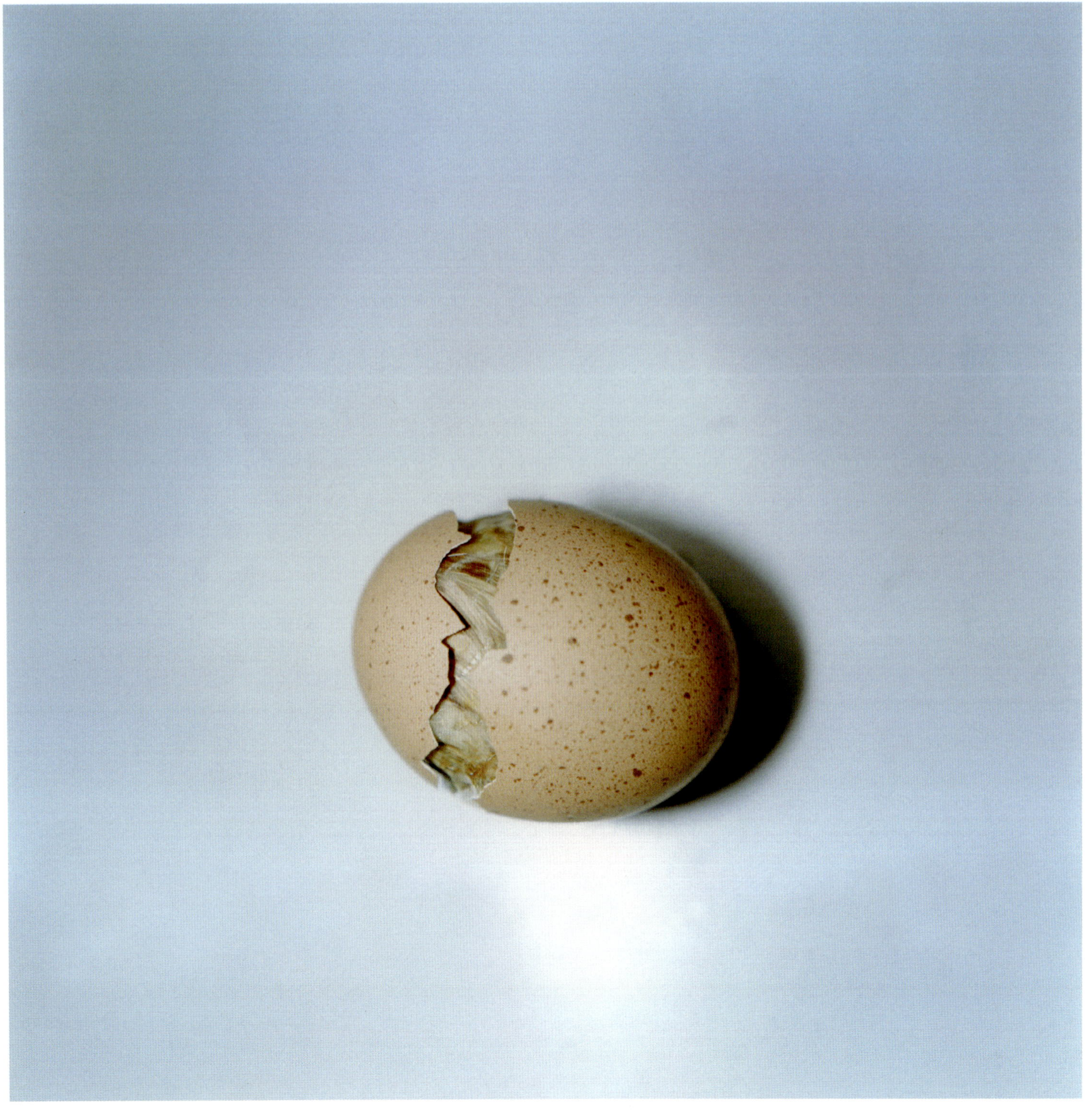

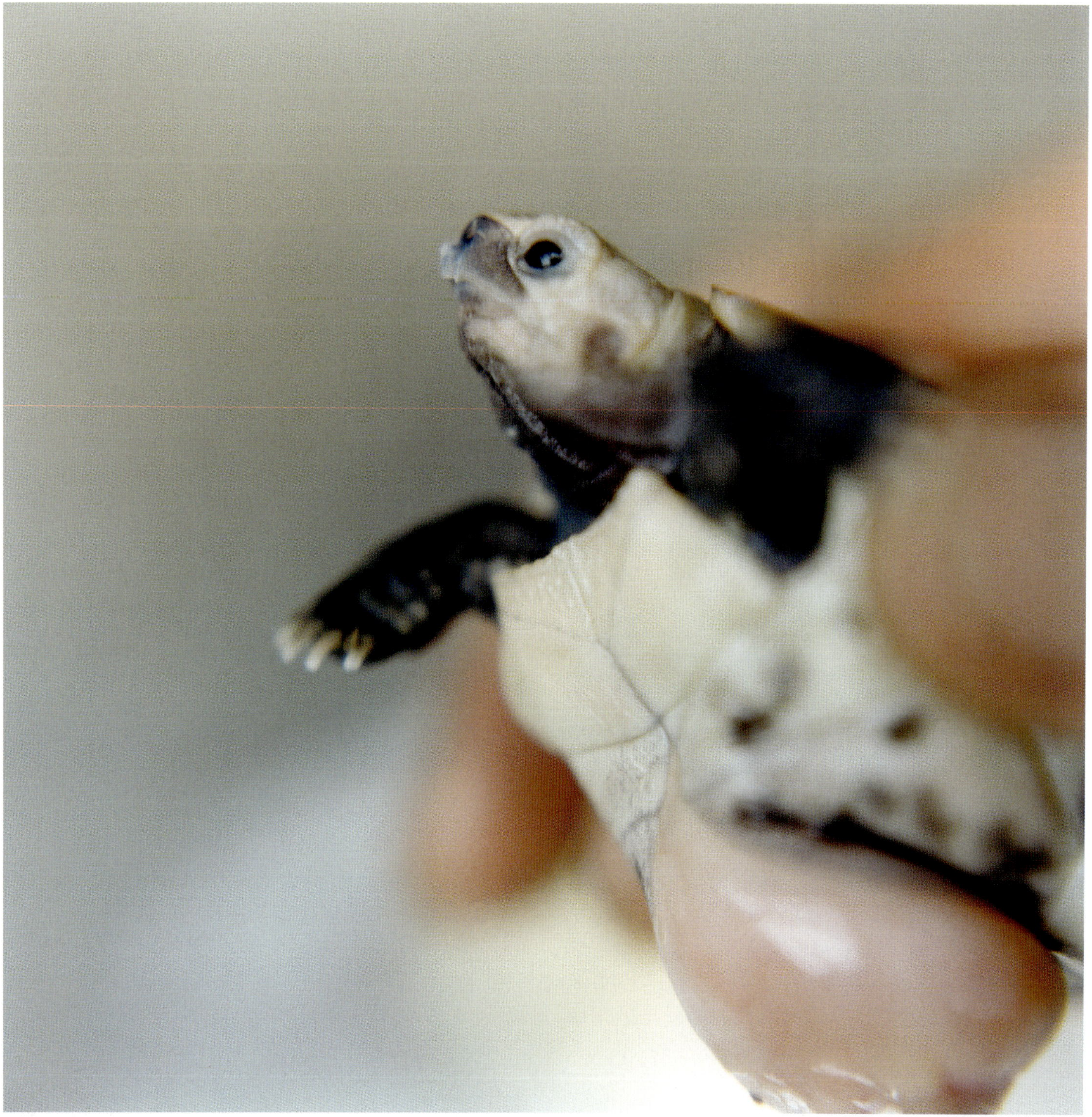

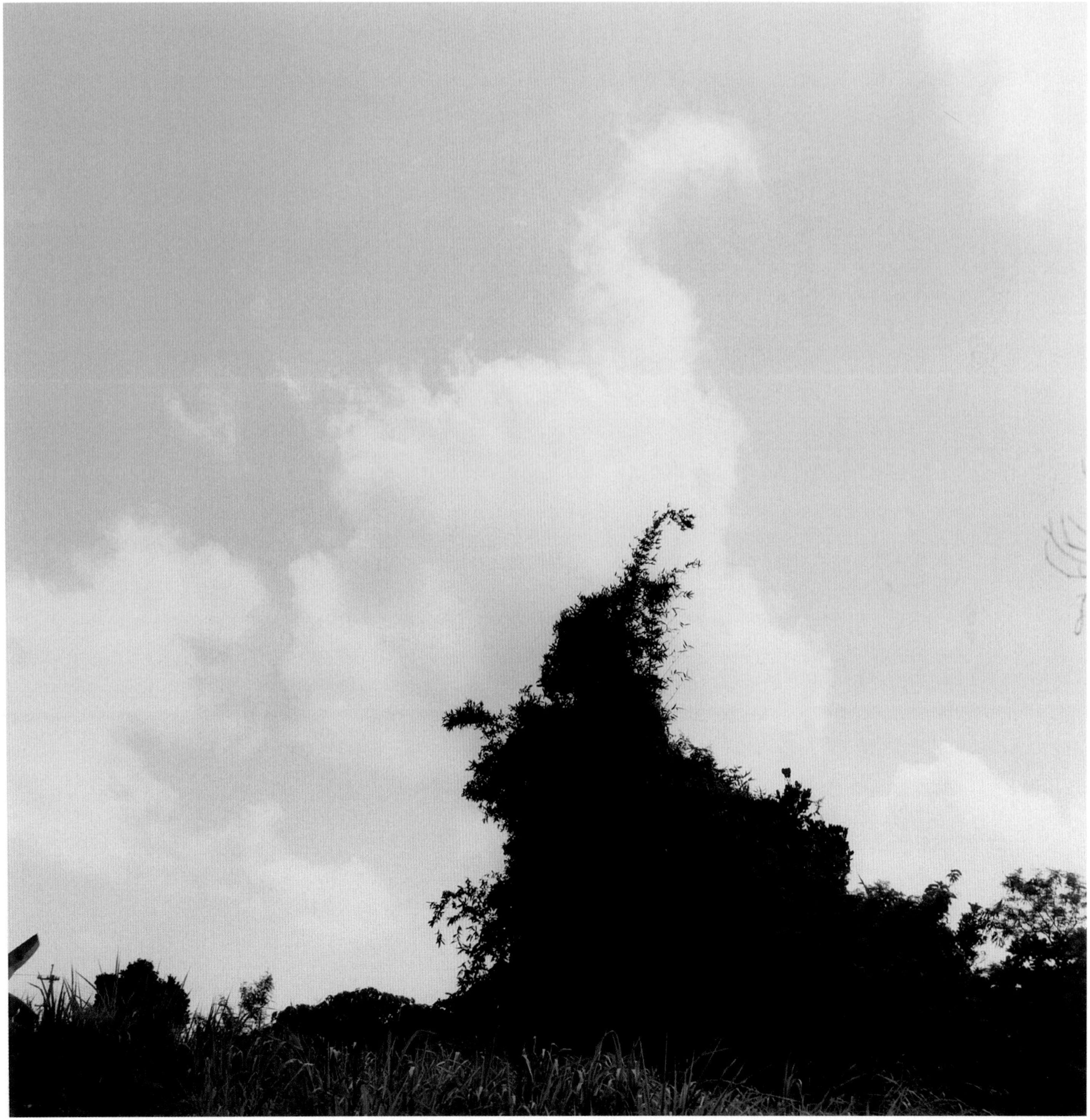

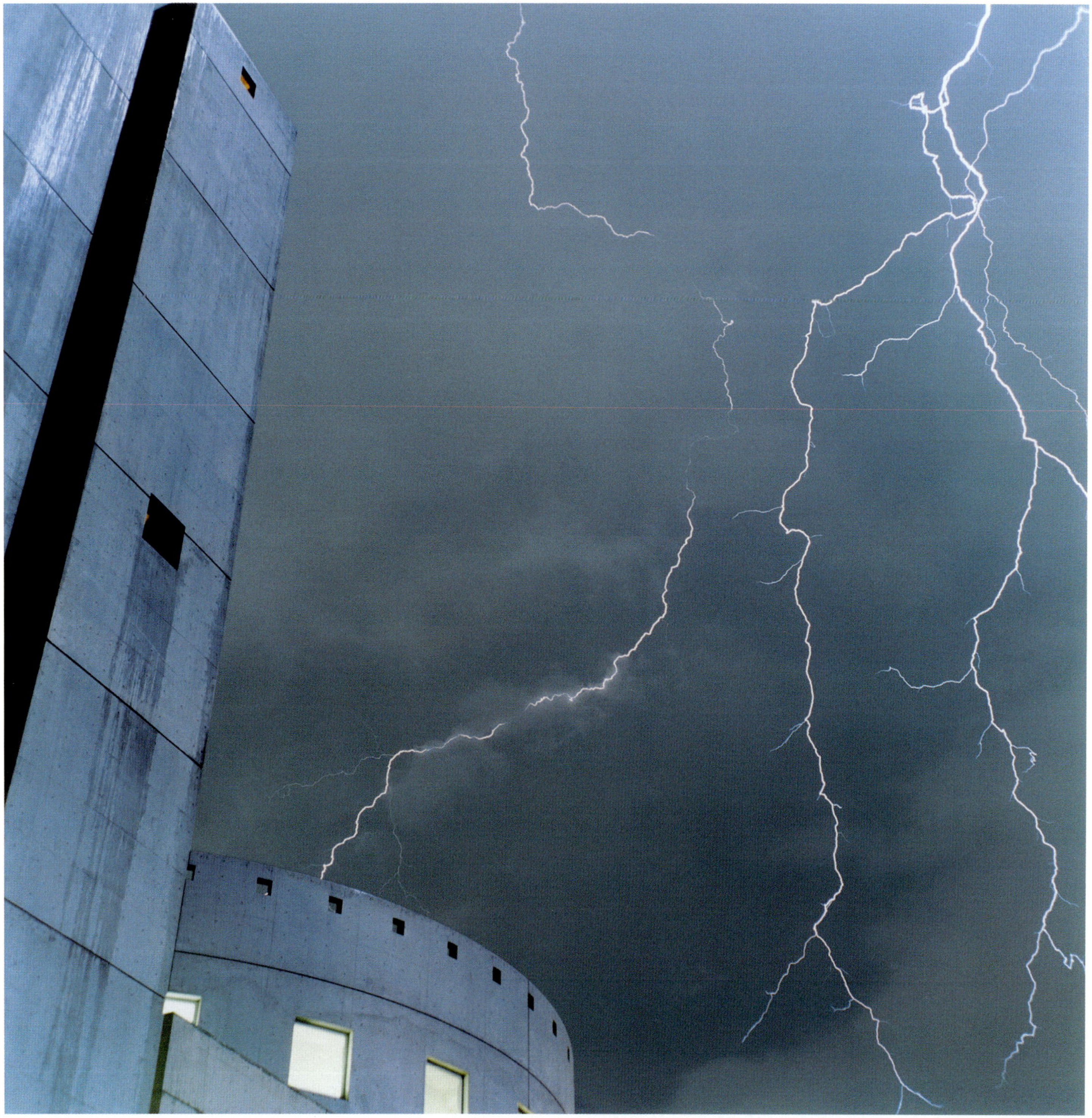

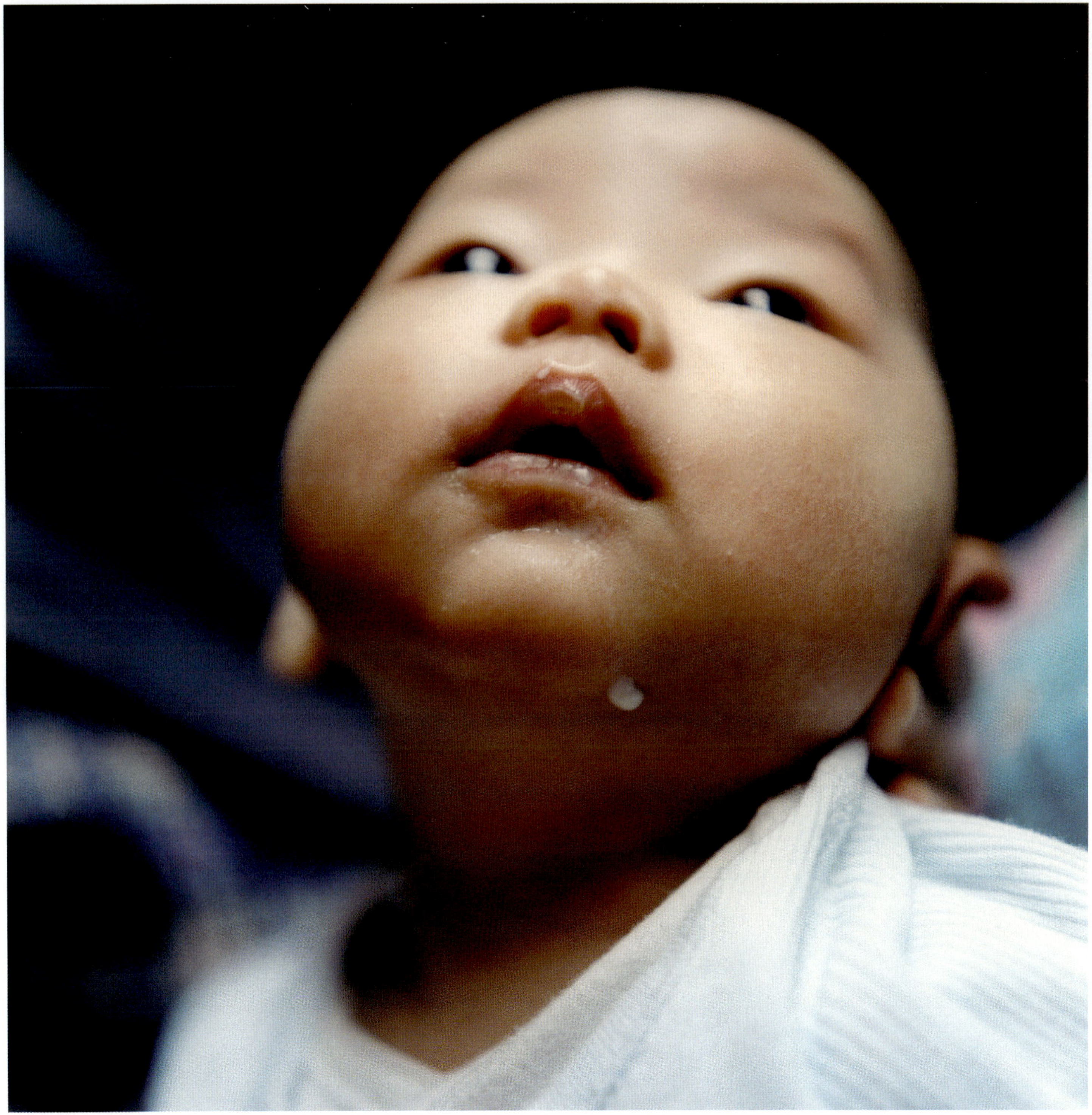

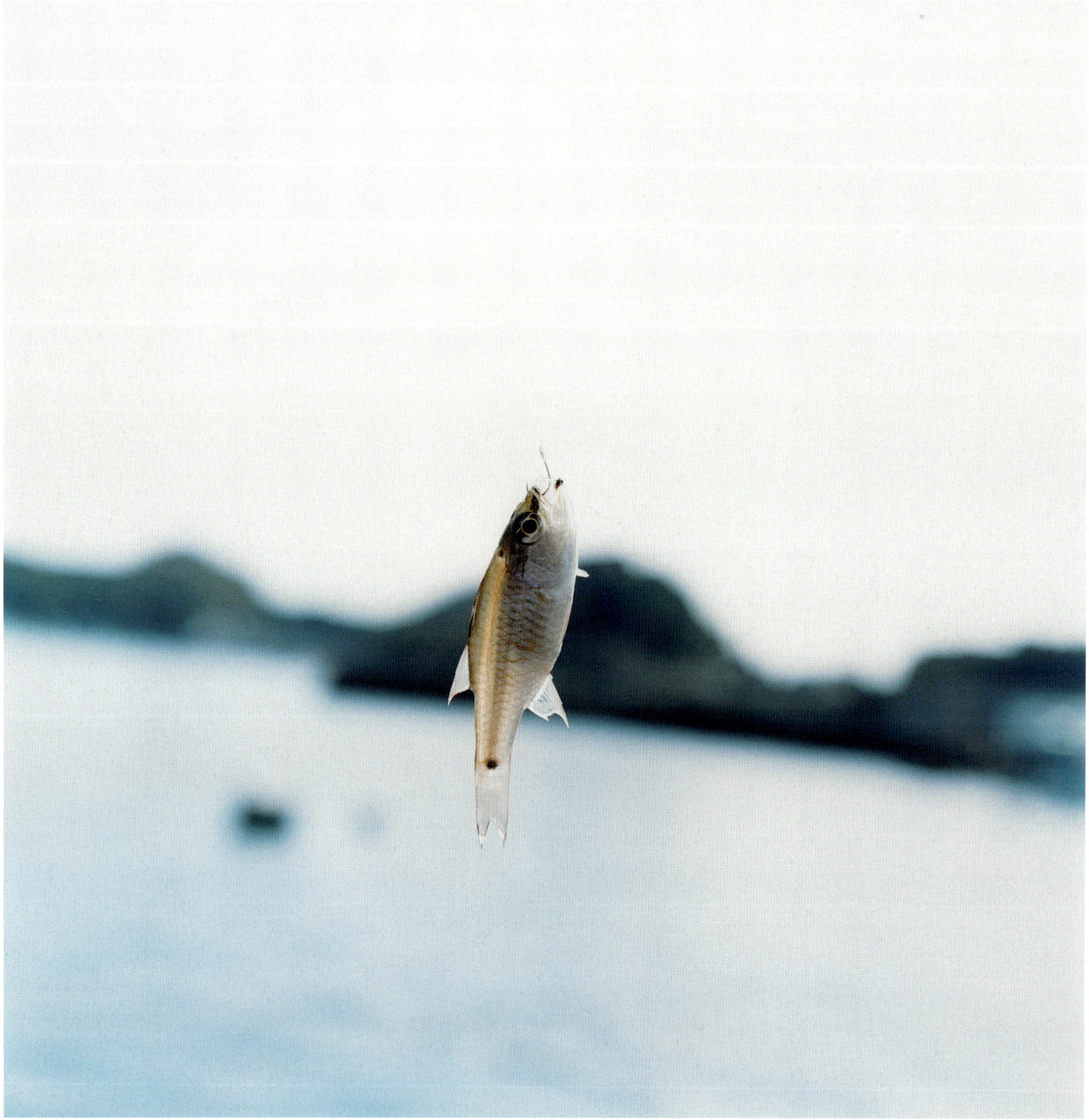

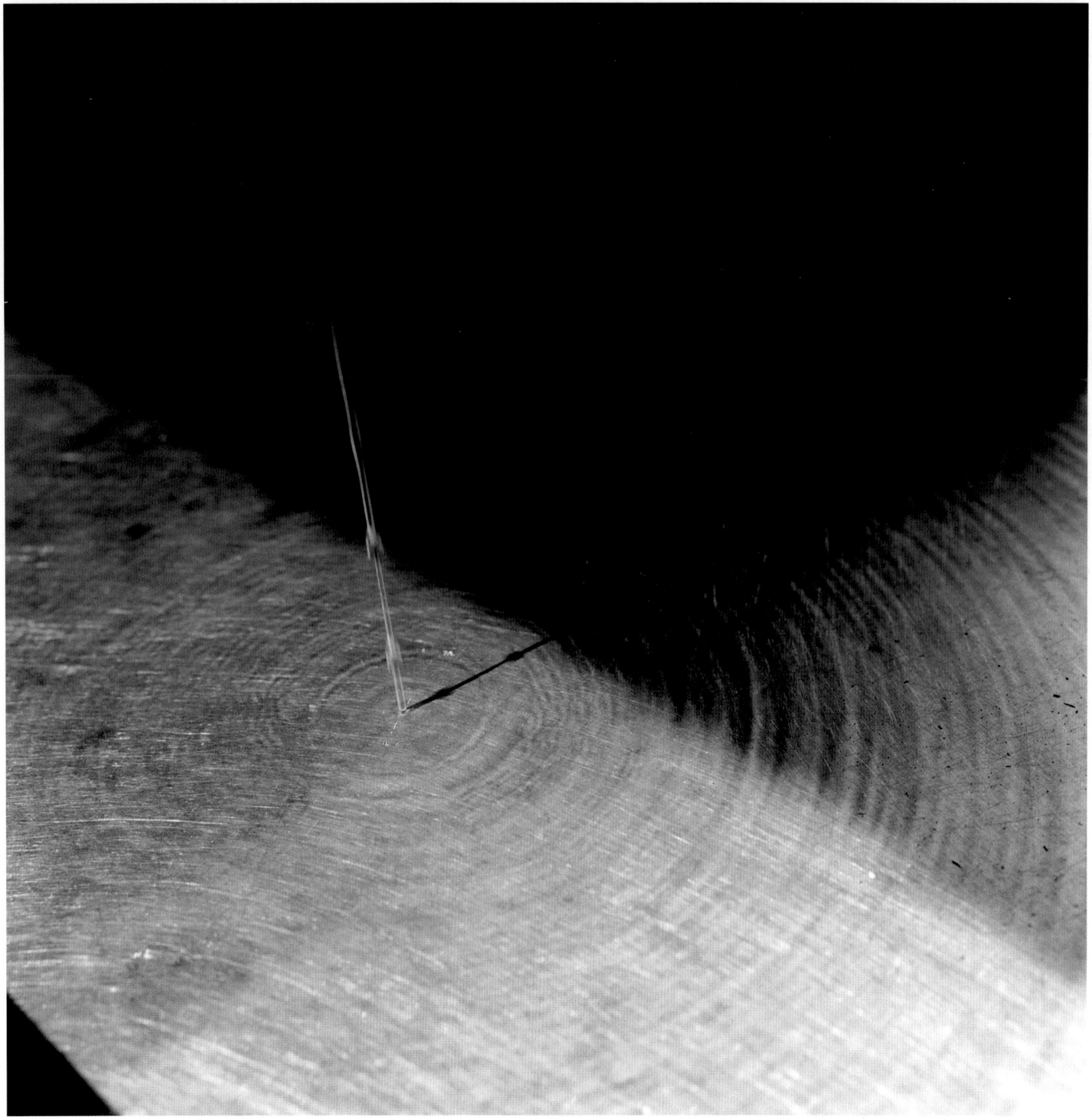

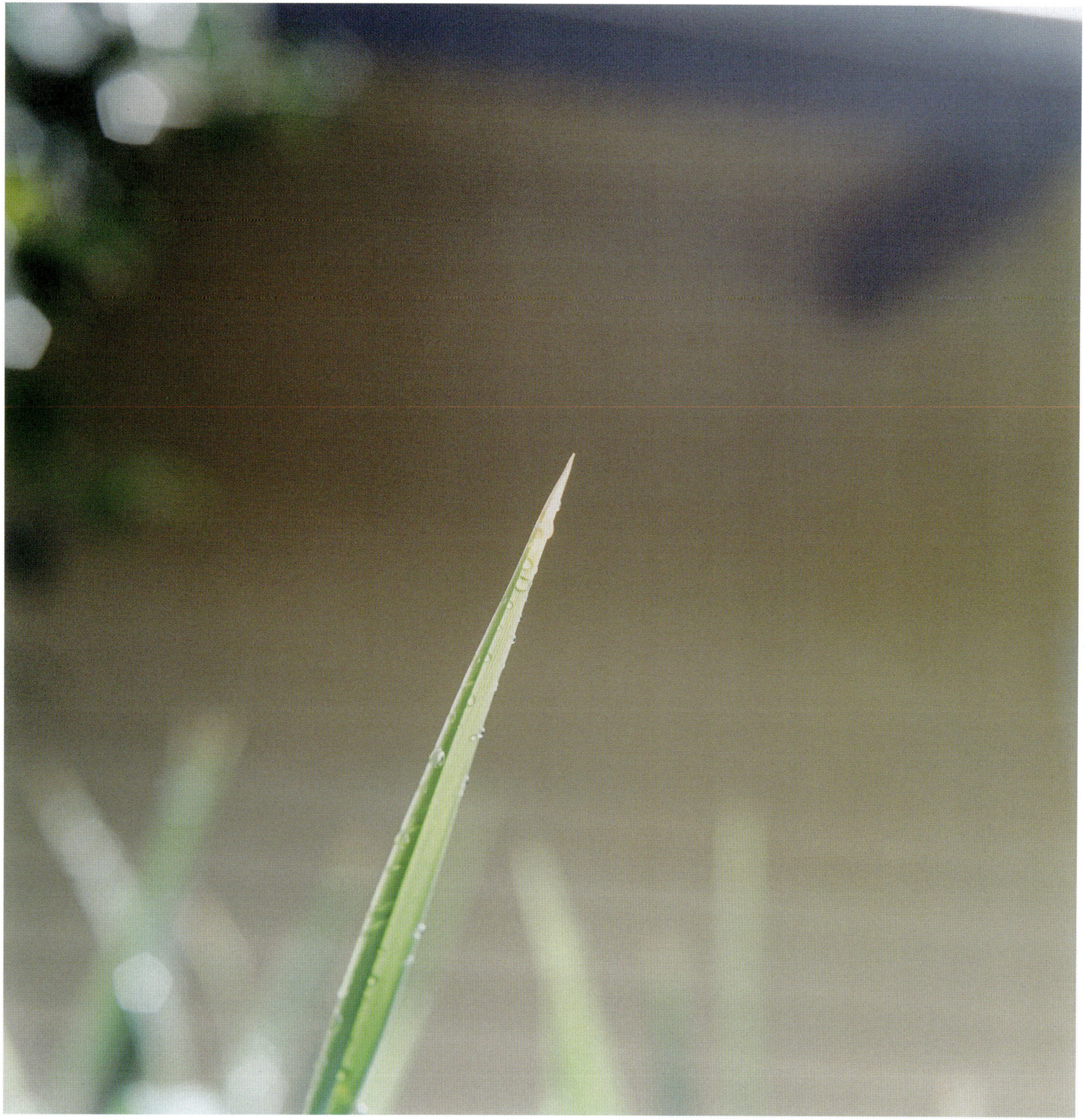

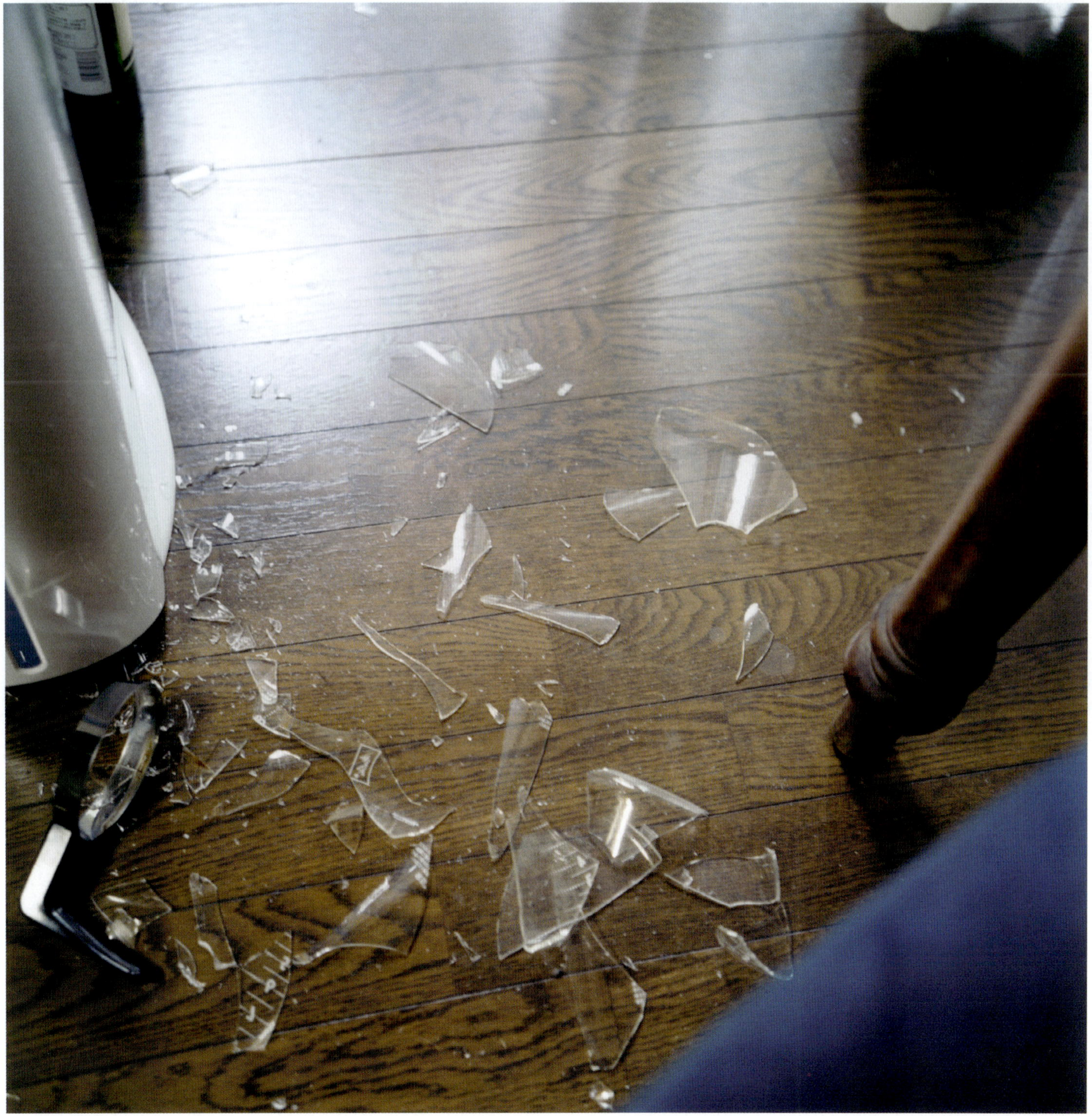

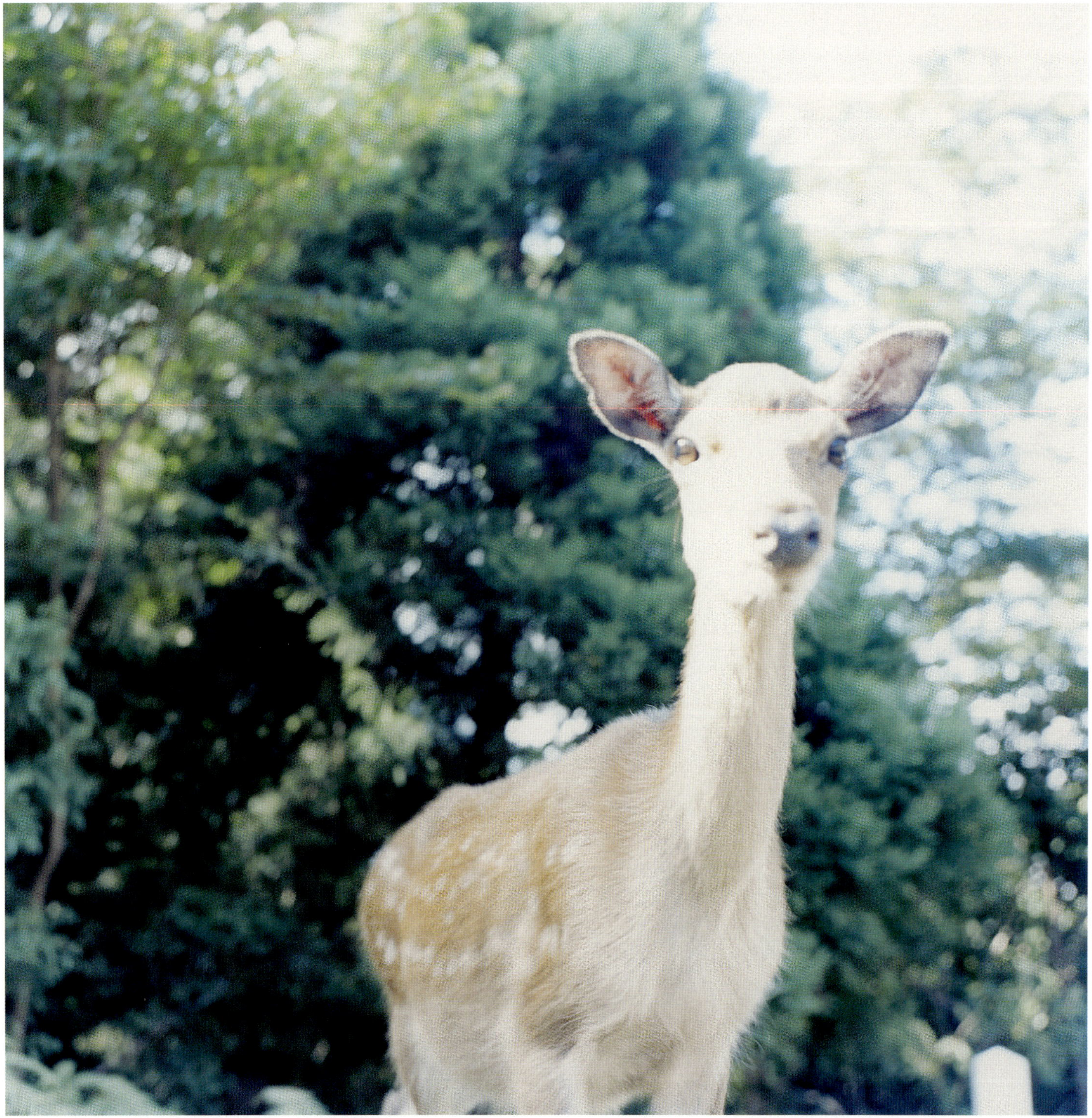

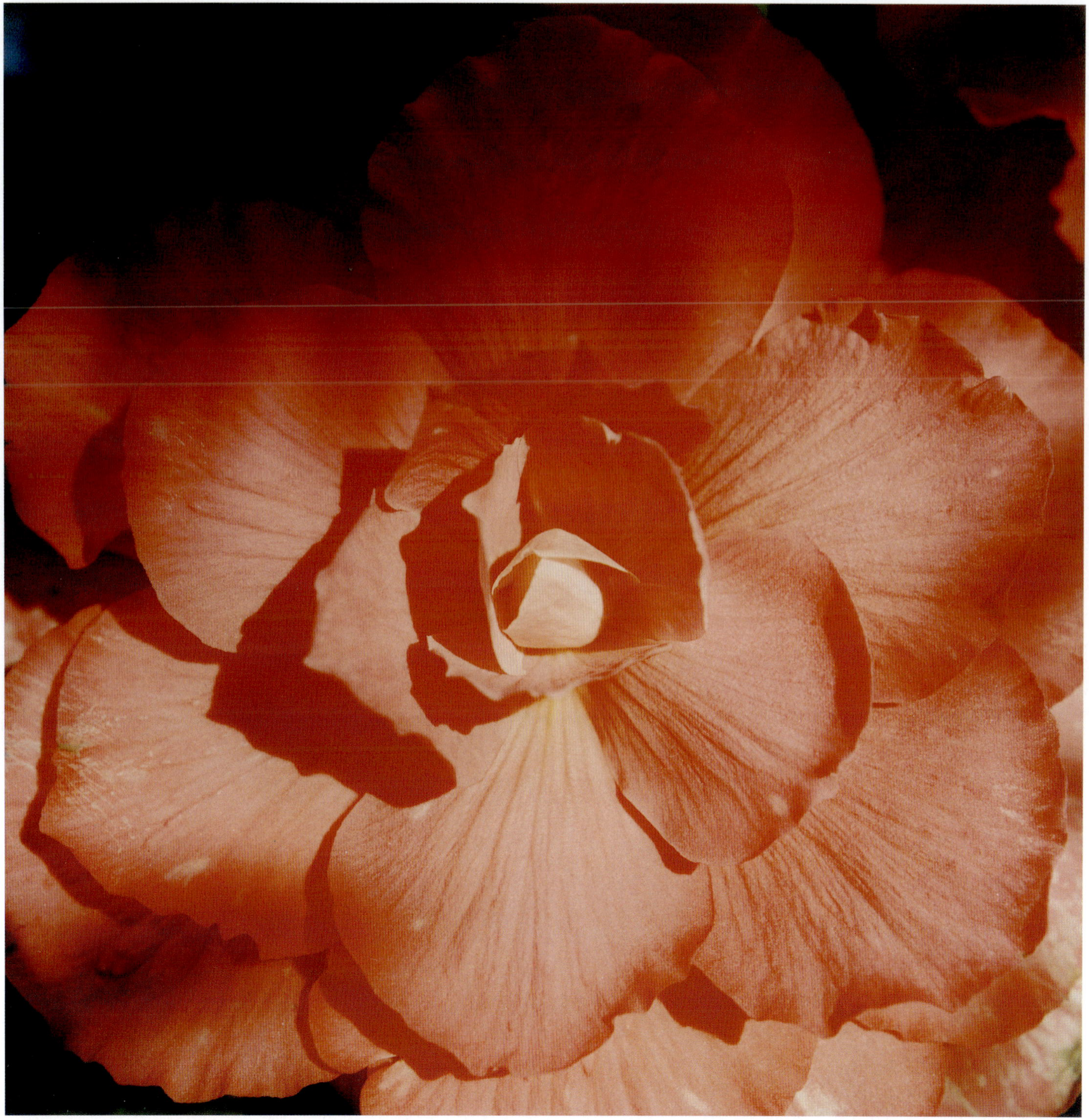

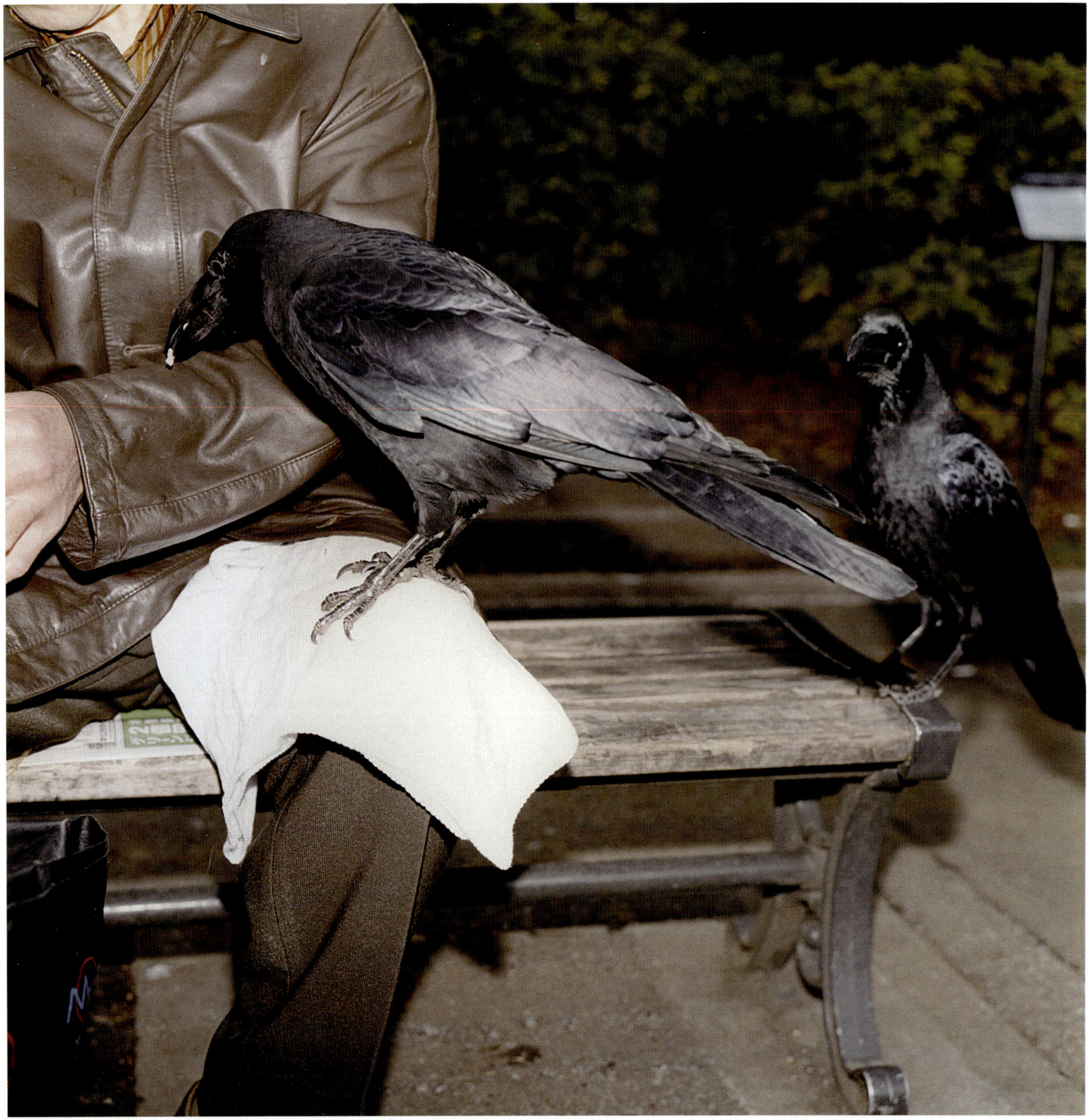

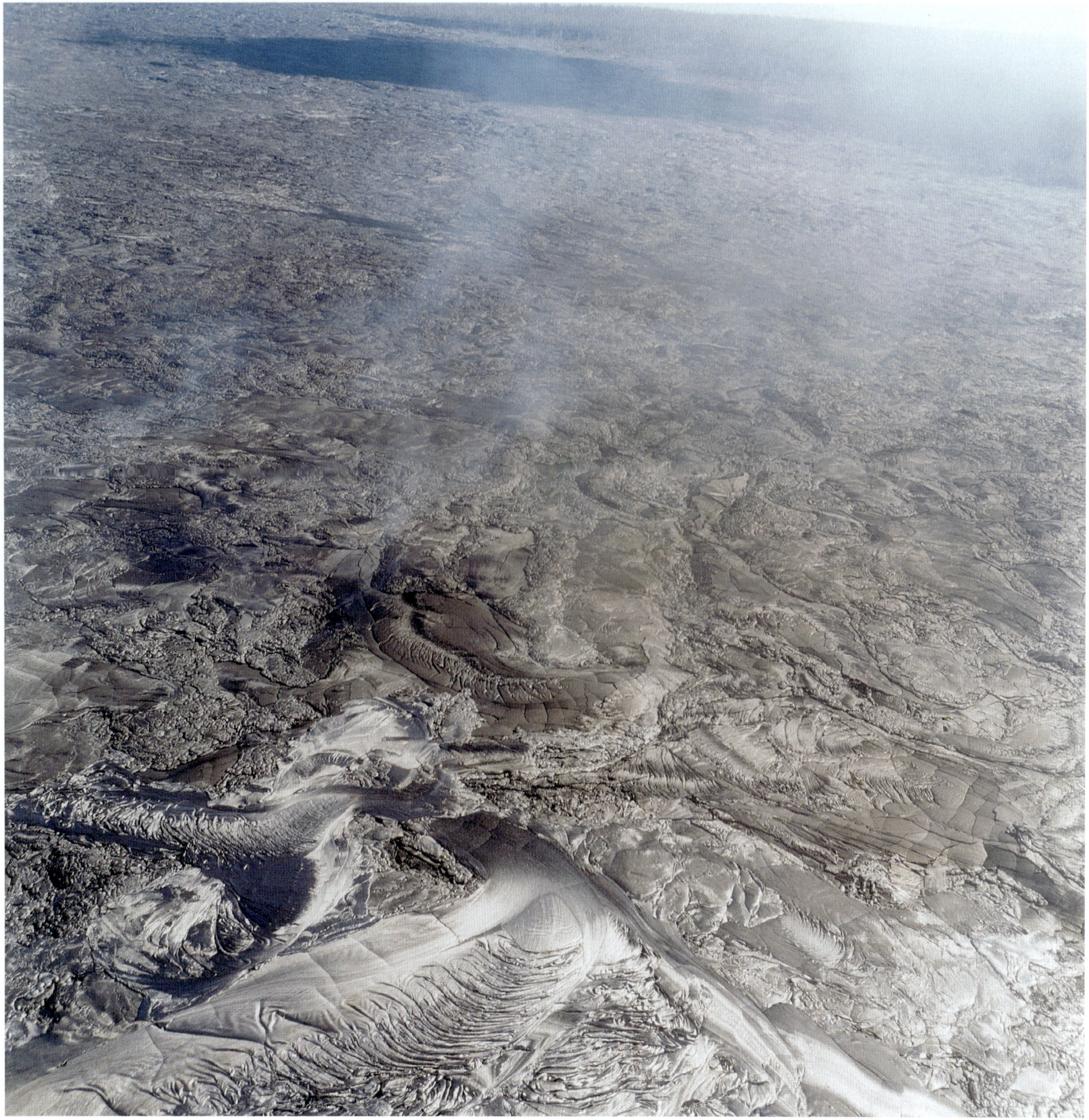

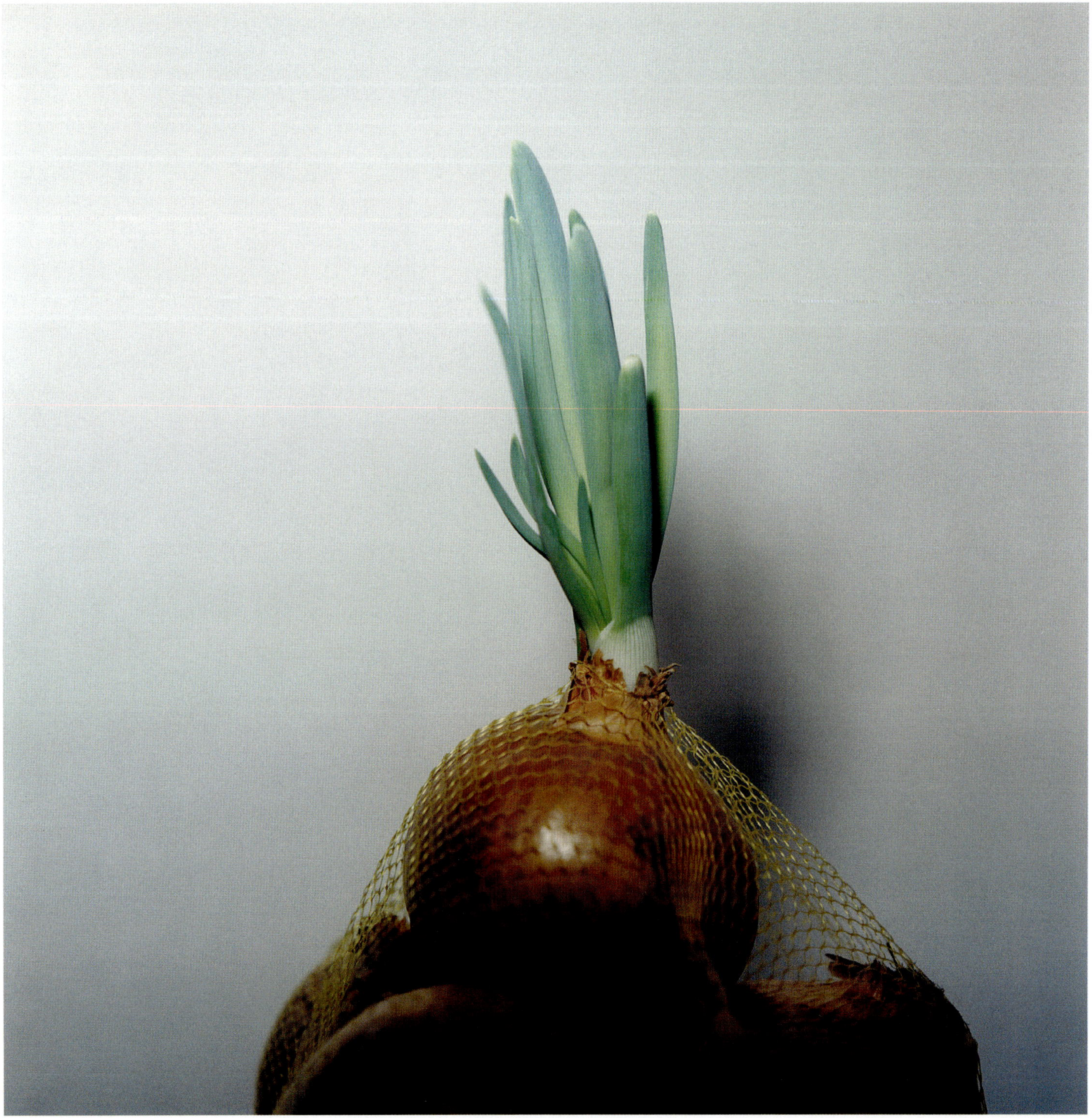

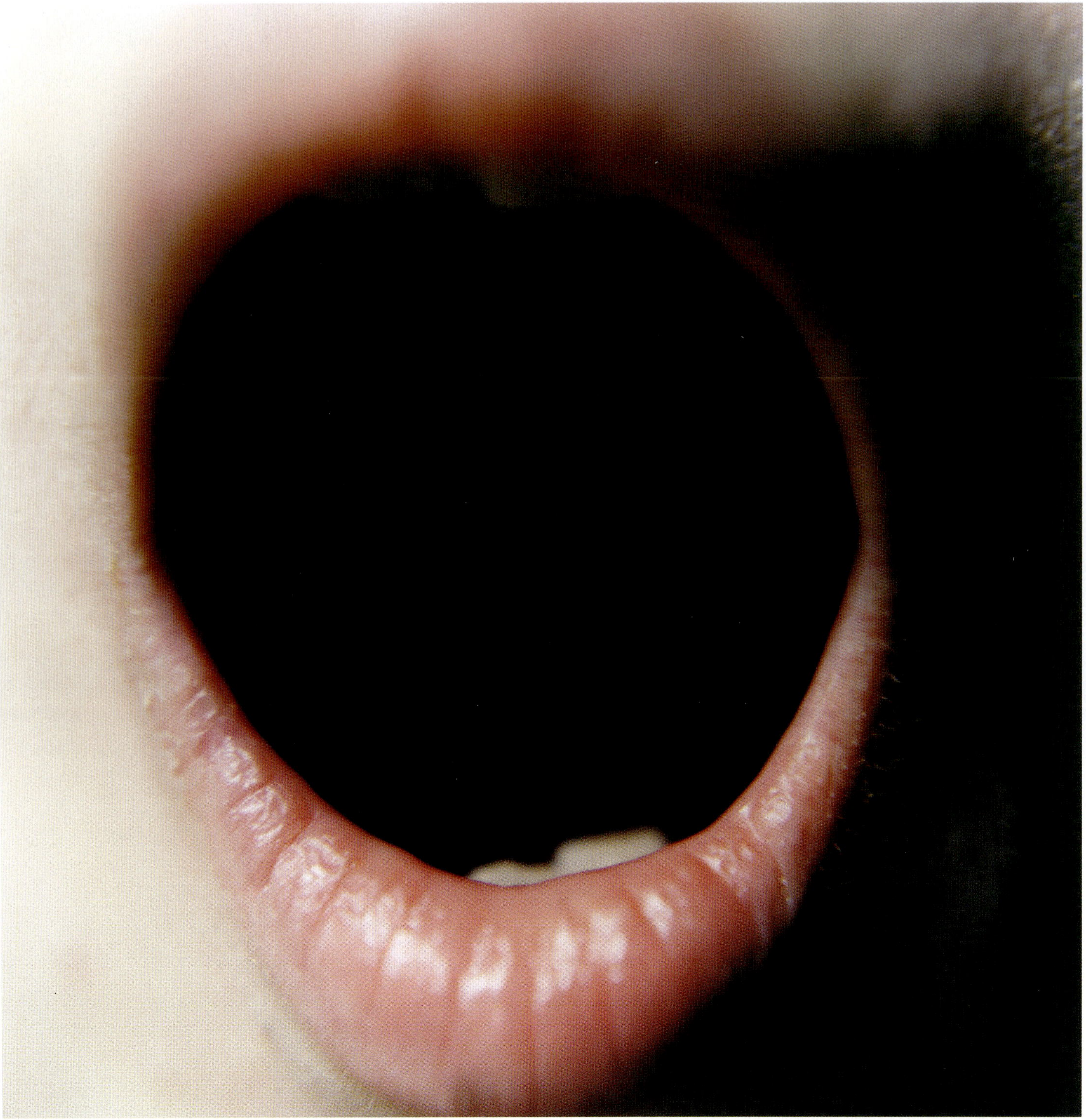

Rinko Kawauchi. De la serie *Aila*, 2004. [Págs. 100/121].

BIOGRAFÍAS

HORACIO FERNÁNDEZ

Director Artístico de PHotoEspaña en sus ediciones del 2004, 2005 y 2006

Horacio Fernández (Albacete, 1954) es profesor de Historia de la Fotografía en la Facultade Bellas Artes de Cuenca. Comisario, historiador y crítico, ha publicado diveros textos relacionados con la nueva fotografía y el diseño gráfico de entreguerras, arte contemporáneo e historia de la fotografía.

Ha comisariado multiples exposiciones que incluyen *Franz Roh, teórico y fotógrafo* (IVAM, Valencia, 1997); *Mexicana, fotografía moderna en México 1923-1940* (IVAM, Valencia 1998); *Fotografía Pública 1919-1939* (MNCARS, Madrid y Museo de Bellas Artes, Bilbao 1999); *Variaciones en España. Fotografía y Arte 1900-1980* (MARCO, Vigo, 2004); y *Cas Oorthuys, Madrid 1955* (Fundación Carlos de Amberes, 2005).

JOHN DAVIES

John Davies nació en Sedgefield, County Dirham (Gran Bretaña), en 1949, y estudió fotografía en la Trent Polytechnic de Nottingham. Sus primeras fotografías, realizadas a mitad de la década de los 70, eran estudios de paisajes rurales de las Islas Británicas. En 1981 Davies empezó la documentación, continuada hasta la fecha, de la Gran Bretaña urbana, concentrándose en los paisajes industriales y post-industriales, mientras trabajaba extensivamente en proyectos de arquitectura y medioambientales en Francia, Italia, España y los Países Bajos. Ha publicado diversos libros de fotografía entre los que se encuentra *Green and Pleasant Land* (1986). *The British Landscape* (Chris Boot, 2006) es el título de su última publicación y de la exposición que, después de PHotoEspaña 2006, viajará al National Museum of Photography Film and Television de Bradford (Gran Bretaña).

Sus fotografías han sido expuestas en numerosas ocasiones, incluyendo muestras en el Museum of Modern Art de Neuva York (EEUU), el Centro Pompidou de Paris, la Royal Academy of Art y el Victoria and Albert Museum en Londres. Davies vive en Liverpool (Gran Bretaña) con su compañera Sally y su hija Alix.

CHRIS BOOT

Chris Boot empezó a dedicarse a la fotografía en 1984 como director del taller de la comunidad fotográfica Photo Co-op (hoy Photofusion) en Londres. Trabajó para Magnum Photos desde 1990, al principio en libros y proyectos editoriales, y más tarde como director de la oficina de Londres. Posteriormente ejerció como director de la oficina de Nueva York (EEUU). En 1998 volvió a Londres como director editorial, responsable del programa de fotografía, de Phaidon Press. Empezó a trabajar independientemente en 2001, editando y produciendo libros y exposiciones, y fundó su propia compañía editorial - Chris Boot Ltd - en 2002. Desde entonces ha publicado quince libros que incluyen *Our True Intent Is All For Your Delight, John Hinde Butlin's Photographs, Meetings by Paul Shambroom, Lodz Ghetto Album, Things As They Are, Photojournalism in Context since 1955*, y *History*, una publicación en edición limitada del fotógrafo Luc Delahaye. También es el autor y editor de *Magnum Stories* (Phaidon, 2004).

EDWARD BURTYNSKY

Hijo de una familia obrera de origen ucraniano, Burtynsky se aproximó a la fotografía gracias a su padre, que disfrutaba sobre todo con la pintura. Sin embargo, la oportunidad de comprar todos sus aparatos a la viuda de un fotógrafo aficionado les abrió una nueva perspectiva a ambos. Como su padre no era hábil con el inglés, Edward se encargó de leer uno a uno los manuales de técnica fotográfica incluidos en el paquete, del que formaban parte asimismo máquinas fotográficas y una cámara oscura. Su destino, no obstante, estaba ya escrito, y como todos sus conciudadanos entró a trabajar en una fábrica. Sin embargo, su pasión por la fotografía y los óptimos resultados alcanzados le llevaron a inscribirse en 1976 en el Ryerson Polytechnical Institute, algo que le dio la posibilidad de relacionarse con maestros que le indicarían el camino correcto. Empieza a fotografiar en blanco y negro, pero se da cuenta de algo: «Sentí que había nacido cien años tarde para una búsqueda de lo sublime en la Naturaleza». El paisaje en color y la identificación de un proyecto de gran alcance, como es la narración ambigua y seductora del mundo alterado por nuestro progreso, lograrán que su obra destaque en el circuito del arte contemporáneo y le ayudarán, con los años, a integrar las colecciones de los mejores museos y a exponer en todo el mundo.

ENRICA VIGANÒ

Desde hace años se dedica a la fotografía comisariando eventos expositivos y realizando trabajos periodísticos. De 1992 a 1997 coordinó y dirigió las actividades de la Galleria Il Diaframma-Kodak Cultura de Milán (Italia). En 1997 fundó Admira, agencia que se ocupa de organizar exposiciones y manifestaciones fotográficas. Desde 1998 colabora en Madrid con PHotoEspaña, Festival Internacional de Fotografía y Artes Visuales. En las nueve ediciones, sin contar con las numerosas exposiciones comisariadas, ha sido responsable de los proyectos internacionales (1999) y comisarios invitados (2003); desde hace tres años es la directora de Campus PHE, programa de talleres y clases magistrales con profesores internacionales. Desde 2001 se encarga de la dirección artística de ClicArt, galería en Milán (Italia) dedicada a la fotografía emergente. Es directora artística de Foto&Photo, Festival de fotografía en Cesano Maderno (Italia) desde su primera edición en 2001.

Entre sus publicaciones destacan; *El neorrealismo en la fotografia italiana* (1999), *PhotoLeague* (2001), *Duane Michals habla con Enrica Viganò* (2001), *Pio Tarantini-Trent'anni di fotografie* (2002), *Romano Cagnoni, Chiaroscuro* (2003), *Mario Giacomelli-La collezione della città di Lonato* (2003) y *NeoRealismo– la nuova immagine in Italia 1932-1960* (2006), ambos editados por Admira Edizioni.

RINKO KAWAUCHI

Rinko Kawauchi nació en la prefectura de Shiga (Japón) en 1972. Se graduó en el Insituto de Arte y Diseño de Seian (Japón) en 1993 y empezó a trabajar como fotógrafa *freelance* a partir de 1997. En 2001 lanzó, simultáneamente, una serie de tres libros de fotografía *Utatane* (Siesta de gato), *Hanabi* (Fuegos artificiales) y *Hanako* con la editorial Little More Publishing. Esta colección generó gran expectación en el mundo de la fotografía japonesa. En 2002, recibió el prestigioso premio anual Kimura Ihei (en su 27 edición) por dos de los tres libros, *Utatane* y *Hanabi*. Otras de sus publicaciones son *AILA (FOIL, 2004), the eyes, the ears* y *Cui Cui* (ambos FOIL, 2005).

Entre sus exposiciones individuales recientes se encuentran: *Utatane, Parco Gallery*, Tokio 2001; *Utatane, Collete*, París 2002; *AILA + Cui Cui + the eyes, the ears*, Fondation Cartier, París 2005; *AILA, Kanazu Forest of Creation*, Fukui (Japón), 2005; *AILA + the eyes, the ears*; *Cohan and Leslie*, Nueva York (EEUU), 2005, *Cui Cui*, QUARTER, Florencia (Italia), 2005 y una muestra en la Photographers' Gallery, Londres, 2006. Las exposiciones colectivas en las que ha participado incluyen Lonely Planet, Art Tower Mito Contemporary Art Center, (Japón) 2004; Rencontres de la Photographie, Arles (Francia) 2004; y Collection of the Fondation Cartier pour l'art Contemporain en el Museo de Arte Contemporáneo de Tokio (2006).

MASAKAZU TAKEI

Editor y representante de la editorial FOIL, de Tokio. Ha sido el editor de todos los libros de fotografía que Rinko Kawauchi ha publicado con Little More y FOIL.

Este libro se terminó de imprimir en Mayo de 2006
con motivo de la exposición
Madre Tierra, [John Davies ~ Edward Burtynsky ~ Rinko Kawauchi]
Que tuvo lugar en el el Centro Cultural de la Villa,
del 1 de junio al 23 de julio de 2006
con motivo del IX Festival Internacional de Fotografía
y Artes Visuales PHotoEspaña 2006.